PIÈCES OFFICIELLES

RELATIVES

A L'AGRESSION DE L'AUTRICHE.

A PARIS,

DE L'IMPRIMERIE IMPÉRIALE.

1809.

PIÈCES OFFICIELLES

RELATIVES

A L'AGRESSION DE L'AUTRICHE.

RAPPORT

DE SON EXCELLENCE

LE MINISTRE DES RELATIONS EXTÉRIEURES,

A S. M. L'EMPEREUR ET ROI.

SIRE,

Vos armes victorieuses vous avaient rendu maître de Vienne ; la plus grande partie des provinces autrichiennes était occupée par vos armées ; le sort de cet Empire était entre vos mains. L'Empereur d'Autriche vint trouver

A

votre Majesté au milieu de son camp : il vous conjura de mettre fin à cette lutte devenue si désastreuse pour ceux qui l'avaient provoquée ; il offrit de vous laisser désormais, libre d'inquiétudes sur le continent, employer toutes vos forces à la guerre contre l'Angleterre, et reconnut que le sort des armes vous avait donné le droit d'exiger ce qui pouvait vous convenir. Il vous jura une amitié et une reconnaissance éternelles. Votre Majesté fut touchée de ce triste exemple des vicissitudes humaines ; elle ne put voir, sans une profonde émotion, ce monarque, naguère si puissant, dépouillé de sa force et de sa grandeur. Elle se montra généreuse envers la monarchie, envers le souverain, envers la capitale : elle pouvait garder ses immenses conquêtes ; elle en rendit la plus grande partie. L'Empire d'Autriche exista de nouveau ; la couronne fut raffermie sur la tête de son monarque. L'Europe ne vit pas sans étonnement cet acte de grandeur et de générosité.

Votre Majesté n'a pas recueilli le tribut de reconnaissance qui lui était dû. L'Empereur d'Autriche a bientôt oublié ce serment d'une amitié éternelle : à peine rétabli sur son trône, égaré sans doute par des conseils trompeurs, il n'a eu d'autres vues que de réorganiser ses moyens de force et de se préparer à une nouvelle lutte pour le moment où elle pourrait être soutenue avec avantage. La guerre contre la Prusse fit promptement connaître ces dispositions malveillantes. L'Autriche se hâta de réunir des armées en Bohême; mais la victoire d'Iéna vint déconcerter ses projets. Encore faible, manquant d'hommes, de canons, de fusils, elle remit à un autre temps l'exécution de ses vues hostiles.

Le traité de Tilsitt termina cette guerre; les armées victorieuses de Votre Majesté, qui occupaient le nord de l'Allemagne, restèrent oisives; elles environnaient le territoire autrichien. Certes, si une politique ambitieuse eût guidé les vues de Votre Majesté, si l'affaiblissement de la monarchie autrichienne fût entré dans le calcul de ses intérêts, et si ces intérêts eussent été son unique règle, Votre Majesté, qui n'avait aucun ennemi, aucun mouvement à craindre sur le continent, à la tête de 400 mille hommes qui occupaient le grand duché de Varsovie, la Silésie et la Saxe, était toute-puissante contre l'Autriche; elle avait à lui demander compte des inquiétudes que sa conduite avait fait naître pendant la guerre de Prusse, et de Cattaro livré aux Monténégrins, lorsque, par le traité de Presbourg, on devait le remettre à la France. Votre Majesté se montra indulgente envers celui qui était faible; elle n'écouta ni ses ressentimens, ni les conseils d'une politique envahissante. Votre Majesté, aspirant toujours à la paix maritime, marcha droit à ce but; et, pour l'atteindre plus promptement, elle se montra empressée de terminer avec l'Autriche les différens qui existaient encore. Un traité fut conclu à Fontainebleau en octobre 1807. Votre Majesté rendit Braunau, quoique ce ne fût pas l'Autriche qui eût remis Cattaro entre ses mains. La limite des deux Empires fut réglée du côté de l'Italie : au moyen d'un échange, l'Isonzo devint cette limite, qui, déterminée par la nature, semblait propre à prévenir toute contestation. Montefalcone, si importante à la sûreté de Trieste, cédée aux Autrichiens, leur prouva qu'on n'avait sur leur territoire aucune vue d'agrandissement. Il fut reconnu qu'il n'existait plus alors (1) aucun sujet de discussion entre Votre Majesté et l'Empereur d'Autriche. Dès-lors, plus de plaintes, plus de demandes, tous les symptômes de la plus parfaite harmonie. Votre Majesté crut pouvoir oublier, et la guerre que l'Autriche lui avait faite sans aucune provocation, et les succès qui avaient honoré les armes françaises; elle se livra à l'espérance d'une paix qui ne serait plus troublée.

L'horrible expédition de Copenhague et les ordres du conseil du 11 novembre avaient prouvé que les Anglais ne voulaient pas de puissance neutre. Leur conduite indigna toute l'Europe. L'Empereur d'Autriche voulut paraître partager ce sentiment; il rappela l'ambassadeur qu'il avait à Londres, et ferma ses ports aux

―――――――――――

(1) Voyez le troisième paragraphe de la note de M. *de Metternich*, du 12 mars 1809, imprimée à la suite de ce rapport, sous le n.° 9.

Anglais. Bientôt les troubles de l'Espagne éclatèrent; ils étaient fomentés par les Anglais. Le roi *Charles IV* fut chassé de son trône par son fils, que conduisaient le duc *de l'Infantado* et d'autres partisans des Anglais, dont le but était de soustraire l'Espagne à l'alliance de la France. Votre Majesté voulut prévenir cette dangereuse victoire de ses ennemis; elle s'opposa à leurs efforts. Lorsque le malheureux roi *Charles*, brisé par la profonde douleur qu'il ressentait de l'attentat dont il était victime, voulut résigner ses droits, Votre Majesté les accepta pour rétablir l'ouvrage de *Louis XIV*, pour renouer ce lien qui, pendant cent ans, avait maintenu la paix entre les deux nations. Le fanatisme des moines et les intrigues des Anglais soulevèrent quelques provinces espagnoles. Alors on vit plus clairement ce qu'on n'avait fait qu'entrevoir avant la bataille d'Iéna. Le feu de la discorde et de la guerre, allumé dans le midi, ranima les espérances de l'Autriche; elle crut le moment favorable pour anéantir le traité de Presbourg; elle arma. Un système qui ne fut annoncé que comme système défensif, et qui cependant donna naissance à ces nombreux bataillons de milice avec lesquels l'Autriche menace maintenant d'envahir l'Allemagne, fut mis en exécution. Toute la population fut appelée aux armes. Les princes autrichiens parcouraient les provinces, répandant des proclamations, comme si la monarchie était en danger et envahie par l'ennemi. Dès que Votre Majesté fut instruite de ces mouvemens, elle me chargea de faire des représentations dictées par un esprit de paix, que l'ambassadeur de cette puissance n'a pu méconnaître (1). Revenue de Baïonne à Paris, Votre Majesté s'est expliquée elle-même avec cet ambassadeur, dans un entretien qui a retenti dans toute l'Europe, et qui ne laissa aucun doute sur ses intentions pacifiques, exprimées avec autant de franchise et de loyauté, que de grandeur et d'énergie (2). Votre Majesté prédit à M. *de Metternich* que ces armemens, commencés sans un motif apparent, inconsidérément continués, entraîneraient la guerre contre la volonté de Votre Majesté, contre celle de l'Empereur d'Autriche, et même contre le vœu de ses ministres, si ceux-ci revenaient à des intentions pacifiques, tant l'impulsion donnée à un peuple maîtrise ceux même de qui elle est partie, et qui ne peuvent plus arrêter le mouvement qu'ils ont une fois imprimé.

Peut-être, SIRE, eût-il été d'une sage politique d'obliger, dans cet instant, l'Autriche à désarmer, en la menaçant de toute cette force de vos armées victorieuses qui l'environnaient encore de toute part. Votre Majesté

---

(1) *Voyez* les lettres du ministre de Sa Majesté à M. le comte *de Metternich*, des 16 et 30 juillet 1808, sous les n.ᵒˢ 1 et 16.

(2) *Voyez* la dépêche du ministre de Sa Majesté au général *Andréossy*, du 16 avril 1808, sous le n.º 10

l'aurait fait, sans doute, si elle n'avait préféré, pleine de confiance dans l'alliance de la Russie, écouter l'opinion de cette puissance qui espérait que l'Autriche serait ramenée à des vues plus saines et à des dispositions plus pacifiques. D'ailleurs, l'ambassadeur d'Autriche fit, à cette époque, à Votre Majesté, la promesse que ces armemens n'auraient pas de suite; l'Empereur d'Autriche écrivit à Votre Majesté pour protester de ses dispositions pacifiques (1). Le baron *de Vincent*, porteur de sa lettre, renouvela cette assurance. Votre Majesté la crut sincère; elle donna à l'Empereur *François* la garantie la plus solennelle de son amour de la paix, par la lettre qu'elle lui écrivit au moment de son départ d'Erfurt (2). En même temps qu'elle réiterait, avec tant de franchise, ces assurances si propres à dissiper toutes les craintes, si la crainte avait été le motif des armemens de l'Autriche; Votre Majesté invitait les princes de la Confédération à dissoudre les camps qu'ils avaient formés (3); elle évacuait les places de la Silésie; deux cent mille hommes de ses troupes abandonnaient l'Allemagne.

Mais c'est en vain que Votre Majesté a témoigné

______

(1) *Voyez* la lettre de S. M. l'Empereur d'Autriche à S. M. L'EMPEREUR NAPOLÉON, du 18 septembre 1808, sous le n.° 11.

(2) *Voyez* la lettre de S. M. L'EMPEREUR NAPOLÉON à S. M. l'empereur d'Autriche, du 14 octobre 1808, sous le n.° 13.

(3) *Voyez* la lettre de S. M. L'EMPEREUR NAPOLÉON aux princes de la Confédération, du 14 octobre 1808, sous le n.° 12.

cette confiance; sa juste attente a été trompée. Les mesures militaires ont été poussées en Autriche avec plus d'activité; malgré la rigueur de la saison, les exercices de la milice ont été continués. Le port de Trieste s'est ouvert aux Anglais ; les bâtimens de guerre venaient y prendre des flottes autrichiennes, qu'ils convoyaient à Malte, et qui, de Malte, portaient dans le Levant les marchandises anglaises. Les insurgés espagnols ont été accueillis et fêtés à Trieste (1) : le chargé d'affaires d'Autriche en Espagne est devenu l'agent de la Junte et le colporteur de sa correspondance au dehors. Les États autrichiens ont fourmillé de libelles contre la France; les gazettes de ce pays ont répandu de fausses nouvelles sur les affaires d'Espagne ; leurs auteurs ont publié une relation de l'entière défaite des Français à Roncevaux, regrettant sans doute que le règne de Votre Majesté ne présentât que les prodiges de Charlemagne et non ses fabuleux désastres. Aux mesures menaçantes et presque hostiles se sont joints tous les signes de malveillance propres à faire connaître le but de ces armemens, et l'esprit du système qu'embrassait l'Autriche.

Tels étaient les avis que Votre Majesté recevait en Espagne. Elle y avait porté la victoire; les nombreuses armées espagnoles avaient été dissipées comme la pous-

---

1. (1) *Voyez* la fin de la note de M. *de Metternich*, du 22 juillet 1808, sous le n.º 5.

sière;

sière; l'armée anglaise s'occupait de sa retraite, et cette retraite devant Votre Majesté l'exposait aux plus grands dangers. Un de ces hasards qu'amènent les événemens de la guerre fit connaître à Votre Majesté les liaisons des Juntes espagnoles avec le Gouvernement autrichien, et la promesse de celui-ci de leur fournir cent mille hommes; promesse faite sans doute sans intention de la remplir, mais pour soutenir le courage des insurgés par l'exaltation d'une trompeuse espérance. Enfin, comme si la Providence, qui a si souvent veillé sur Votre Majesté ou plutôt sur la France, et vous a conduit comme par la main à travers tant de dangers qui ont par-tout accompagné vos prodigieux succès, eût voulu elle-même dévoiler la mauvaise foi et la perfidie de ceux qui n'osaient encore se montrer vos ennemis, la déclaration du roi d'Angleterre, du 16 décembre, tomba entre vos mains. Votre Majesté y lut ces phrases remarquables :

« Si parmi celles (les nations) qui préservent contre
» la France une indépendance douteuse et précaire, il
» s'en trouve qui, même en ce moment, balancent
» entre la ruine qui résultera d'une inaction prolongée
» et les dangers incertains d'un effort pour échapper
» à cette ruine, la perspective trompeuse d'une paix
» entre la Grande-Bretagne et la France ne manque-
» rait pas d'être singulièrement funeste à ces nations.
» Le vain espoir du retour de la tranquillité pourrait

B

» ralentir leurs préparatifs, ou la crainte d'être aban-
» données à elles-mêmes pourrait ébranler leurs réso-
» lutions. »

Ainsi l'Angleterre elle-même avertissait Votre Majesté des préparatifs de l'Autriche. Ces préparatifs avaient fait échouer la tentative faite par les deux Empereurs pour arriver à la paix maritime. Votre Majesté ne put plus douter qu'elle était menacée d'une autre guerre. La parole d'Erfurt était violée ; l'Autriche s'armait contre son bienfaiteur. Votre Majesté dut se souvenir de ce qu'elle devait à son peuple, de ce qu'elle devait à ses alliés ; elle renonça avec regret à la poursuite des Anglais. Qu'il soit permis à un ministre de Votre Majesté, interprète dans ce moment de l'opinion publique, de cette opinion qui se fonde sur quinze ans de victoires auxquelles rien n'est comparable, d'ajouter que, quelque grands qu'aient été les succès de vos lieutenans, quelques talens qu'ils aient déployés, Votre Majesté conduisant en personne son armée aurait obtenu de plus grands succès encore ; aucun Anglais ne fût retourné en Angleterre. Votre Majesté fit ce sacrifice à la sûreté de ses États. Elle revint à Valladolid pour y donner les derniers ordres qu'exigeait l'état de l'Espagne, écrivit de là aux Princes de la Confédération pour les engager à préparer leur contingent ; mesure de simple précaution qu'appelaient depuis long-temps les craintes qu'ils avaient témoignées à Votre Majesté, et Votre Majesté effectua son retour à Paris.

Votre Majesté voulut faire une nouvelle tentative pour éviter cette guerre qu'elle n'avait pas provoquée. Elle employa l'intervention du ministre des affaires étrangères de l'Empereur de Russie, qui était alors à Paris. D'après les ouvertures de Votre Majesté, il vit l'ambassadeur d'Autriche ; il lui fit la proposition d'un arrangement qui unirait les trois Empires par les liens d'une triple garantie, et qui donnerait à l'Autriche, pour sûreté de l'intégrité de son territoire, la garantie de la Russie contre les entreprises de la France, et celle de la France contre les entreprises de la Russie : la garantie de l'Autriche était aussi acceptée par les deux autres puissances. Il est pénible de le dire ; ces insinuations de M. *de Romanzoff* n'ont eu aucun résultat. Cependant, espérant encore quelque succès de ces ouvertures, et ne pouvant se persuader que l'aveugle délire qu'avait excité en Autriche une faction vendue à l'Angleterre, étoufferait entièrement la voix des hommes sages, éclairés et véritablement amis de leur patrie ; Votre Majesté ne faisait aucun mouvement de troupes : ni celles de la Confédération, ni les divisions que Votre Majesté avait dans l'intérieur et qu'elle destinait à des expéditions maritimes ou à être envoyées au secours des colonies, n'avaient reçu l'ordre de marcher.

L'Autriche bientôt ne garda plus de mesure. Huit mois de préparatifs lui avaient donné, dans la milice qu'elle avait organisée, une nouvelle armée. Au milieu de février, les ordres furent donnés pour la mettre en mouvement, et pour faire marcher toutes les troupes sur les frontières. La monarchie fut toute entière sous les armes. Depuis long-temps l'Autriche faisait à Constantinople la guerre à la France; elle venait d'opérer le rapprochement de la Turquie et de l'Angleterre; elle allait enfin se déclarer ouvertement.

Cependant le cabinet de Vienne gardait encore le plus profond silence. Depuis le traité de Fontainebleau, il n'avait formé ni une plainte ni une demande (1). Votre Majesté avait eu à se plaindre de l'assassinat de ses courriers dans la Croatie, des insultes faites à Trieste à des officiers français, de violences exercées contre quelques-uns de ses sujets italiens; elle attendait patiemment le redressement de ces griefs, lorsque, le 2 mars (2), M. l'ambassadeur d'Autriche vint m'annoncer que l'Empereur son maître avait donné l'ordre de mettre ses troupes sur le pied de guerre. Il donnait pour cause de cette mesure, l'avis adressé de Valladolid aux princes de la Confédération, quelques articles de journaux, et

---

(1) Voyez le 3.ᶜ paragrage de la note de M. *de Metternich*, du 12 mars 1809, sous le n.° 9.

(2) Voyez le rapport du ministre de Sa Majesté, du 2 mars, sous le n.° 14.

enfin le retour de Votre Majesté à Paris. Votre Majesté m'ordonna de répondre par une note, où, me bornant à rappeler qu'il n'y avait entre les deux cours aucun sujet de discussion, je demandais ce que prétendait l'Autriche et à qui elle en voulait, exprimant de nouveau le desir de Votre Majesté de faire jouir les peuples de l'Europe de tous les bienfaits de la paix (1). M. *de Metternich* essaya, dans sa réponse du 12, de prouver que c'étaient les armemens de Votre Majesté qui avaient nécessité ceux de l'Autriche, comme si Votre Majesté avait armé contre l'Autriche (2), lorsqu'elle avait évacué la Silésie, le grand duché de Varsovie, et transporté deux cent mille hommes de ses troupes d'Allemagne en Espagne.

Ce ne fut qu'alors que Votre Majesté renonça entièrement à ses projets contre les Anglais, à l'expédition de Sicile, à laquelle s'était préparé le roi de Naples, aux embarquemens qui devaient avoir lieu à Brest, Boulogne, Flessingue et Toulon. Tout fut contremandé, et les troupes de Votre Majesté se dirigèrent vers l'Allemagne; celles de la confédération furent aussi mises en mouvement.

Non, ce n'est pas parce que la France a armé que

---

(1) Voyez la note du ministre de Sa Majesté à M. le comte *de Metternich*, du 10 mars 1809, sous le n.º 8.

(2) Voyez la note de M. *de Metternich*, du 12 mars 1809, sous le n.º 9.

l'Autriche s'est mise sous les armes; c'est, au contraire, parce qu'elle a cru trouver la France affaiblie par une autre guerre, et jugé le moment favorable au rétablissement de son ancienne influence, qu'elle a fait ces prodigieux efforts. Elle fait la guerre, sans doute, parce qu'elle en espère des succès; elle la fait sans un motif de plainte, sans la faire précéder d'aucune demande, d'aucune proposition, sans laisser le choix d'un autre parti; elle fait la guerre, lorsque Votre Majesté, loin de rien exiger d'elle, n'a manifesté que des vœux pour sa tranquillité et sa prospérité; lorsqu'elle lui a offert la garantie et l'intégrité de son territoire; lorsque l'Empereur *Alexandre* lui-même, en faisant connaître à l'ambassadeur d'Autriche près de lui sa désapprobation de la conduite du gouvernement autrichien, a renouvelé l'offre de sa garantie contre la France. L'Autriche fait la guerre contre la France et contre la Russie, contre les deux Empires qui s'offrent à la défendre et à la protéger. Ainsi ce n'est point pour sa sûreté qu'elle prend les armes. Les traités qui ont fixé son sort ne sont plus une loi pour elle; elle dit qu'ils ont été conclus dans des temps de désastres, comme si les cessions obtenues par la victoire n'engageaient pas l'honneur et la foi du vaincu, même lorsque la générosité du vainqueur n'excite pas sa reconnaissance. Tous les bienfaits sont méconnus, tous les engagemens sont violés. Votre Majesté reçoit la nouvelle que les armées autrichiennes viennent de franchir l'Inn : elles ont commencé la guerre. Une lettre du général autrichien annonce au général français qu'il marche en avant, et traitera en ennemi tout ce qui lui fera résistance (1).

Votre Majesté peut se rendre ce témoignage, d'avoir fait, pour éviter cette guerre si inconsidérément entreprise, tout ce que la prudence, la modération, pouvaient suggérer : elle voulait épargner ce nouveau sujet d'inquiétude à ses peuples, à l'humanité une lutte sanglante. Mais si l'esprit qui a animé l'Autriche dans tous les temps, a fait de la politique de cette puissance un obstacle continuel à la conclusion de la paix maritime, peut-être ne faut-il pas regretter qu'elle ait elle-même amené la crise qui peut servir à lever cet obstacle. La paix maritime n'aura lieu que lorsque la paix continentale sera solidement établie, et que les Anglais auront perdu l'espérance de la troubler par leur or et leurs intrigues. Que tels soient du moins les résultats de cette nouvelle guerre ! Votre Majesté n'est pas jalouse de la puissance de l'Autriche ; elle n'en desire pas l'anéantissement : mais puisse-t-elle, par ses armes, lorsque cette unique ressource lui a été laissée, la ramener à un

---

(1) Voyez la lettre de S. A. I. l'Archiduc *Charles* d'Autriche, du 9 avril 1809, sous le n.° 9 *bis*.

véritable état de paix ! La paix est la conquête la plus digne de Votre Majesté; c'est aussi celle qu'elle envie davantage.

Sire, votre peuple vous secondera dans cette lutte nouvelle. L'admirable prévoyance de Votre Majesté, qui lui permet de soutenir une nouvelle guerre sans rien ajouter aux charges de l'État, est vivement sentie par ce peuple sensible, reconnaissant, admirateur de tout ce qui est grand, défenseur de ce qui est juste, passionné pour la gloire militaire.

Si de nouveaux efforts devenaient nécessaires pour assurer le succès de vos armes, il irait au-devant de vos vœux. Son dévouement égalera son amour et son admiration pour son auguste souverain.

Paris, le 12 avril 1809.

Le Ministre des Relations extérieures,

Signé **CHAMPAGNY.**

PIÈCES

PIÈCES OFFICIELLES

ANNEXÉES AU RAPPORT DU MINISTRE.

N.º Ier

Lettre de M. le comte de Champagny à M. le comte de Metternich.

Baïonne, le 16 juillet 1808.

MONSIEUR L'AMBASSADEUR,

Un officier polonais, le sieur *Young*, lieutenant au 2.e régiment d'infanterie polonaise, se rendant en Gallicie pour des affaires de famille, y a été arrêté, quoique muni d'un passe-port très en règle. Trois fois le maréchal *Davoust* l'a fait réclamer auprès de M. le comte *de Neipperg*, colonel commandant la frontière autrichienne en Gallicie, en rappelant que le passe-port délivré au sieur *Young* était tel que M. le comte *de Neipperg* l'avait desiré pour les militaires qui se rendaient en Gallicie, indication qui permettait d'espérer que ceux qui s'y seraient conformés, seraient à l'abri de toute vexation. Ces réclamations ont été inutiles, et le sieur *Young*, dont les papiers ont été saisis, est toujours en état d'arrestation. J'ai ordre de vous demander sa mise en liberté.

Il est difficile de faire cette réclamation sans laisser échapper, si ce n'est quelques plaintes, au moins quelques mots de regrets sur la conduite des préposés du Gouvernement autrichien en Gallicie, à l'égard du duché de Varsovie. Les communications deviennent de plus en plus difficiles. Déjà on ne laisse plus passer, qu'avec une très-grande difficulté, les approvisionnemens destinés pour le grand-duché. Une excessive rigueur est exercée

C

à l'égard des Français et des pays qu'ils occupent; cette rigueur n'a point lieu à l'égard des autres étrangers; et cependant, de la part de la France, toutes les mesures ont été prises, non-seulement pour la sûreté extérieure des provinces autrichiennes, mais aussi pour leur tranquillité intérieure. Le Gouvernement autrichien n'a pas dû avoir la moindre inquiétude, ni sur l'une, ni sur l'autre.

Peut-on ne pas s'étonner de ces dispositions nouvelles, de l'introduction à Trieste de trois bâtimens américains, dont il est tellement évident que les cargaisons viennent de Malte et d'Angleterre, que personne n'en doute dans cette ville? Que penser de ce cri de guerre qui de Vienne a retenti dans toute l'Allemagne, de ces préparatifs dont sont remplies toutes les gazettes, de ces mouvemens de troupes en Gallicie, qui se sont concentrées en corps d'armée, de pareils mouvemens que l'on annonce en Bohême, et enfin de cette levée d'une garde nationale, derrière laquelle on organise une milice, comme si la monarchie d'Autriche voulait épuiser toutes ses ressources pour frapper un grand coup ou se sauver d'un grand danger? Et cependant, Monsieur, vous le savez, et votre Gouvernement le publie, qu'il est dans une paix profonde, dans une parfaite harmonie avec ses voisins; que la France particulièrement ne lui demande rien, ne prétend rien de ce qui lui appartient, n'a aucune vue prochaine ni éloignée qui puisse lui donner la plus légère inquiétude..... Notre surprise est telle, qu'il m'a été impossible de ne pas vous l'exprimer, quoique d'ailleurs ce ne soit pas du tout l'objet de la présente note, qui ne porte que sur un fait particulier. Puisse-t-il, et nous ne voulons point en douter, ne pas tenir à un esprit général de malveillance! Mais il est difficile de ne pas penser que cet esprit est le mobile de la conduite de quelques préposés de votre Gouvernement, qui croient le servir ou lui plaire en s'écartant des intentions que nous aimons à lui supposer.

Je saisis toujours avec empressement toutes les occasions d'offrir à V. Exc. les assurances &c.

N.º II.

Lettre particulière de M. le comte de Champagny *à S. Exc. M. le comte* de Metternich.

Baïonne, le 16 juillet 1808.

MONSIEUR LE COMTE,

Et moi aussi, j'aime à m'entretenir avec vous d'une manière confidentielle, comme je suis flatté des ouvertures de ce genre que m'a faites V. Exc. La note ci-jointe, relative à un fait particulier dont j'ai été chargé de vous donner connaissance, m'a fourni l'occasion de vous parler de ces préparatifs de guerre de la monarchie autrichienne, qu'annoncent non-seulement toutes les gazettes, mais encore la correspondance de toutes les cours d'Allemagne. Plusieurs de ces mesures sont avouées par votre Gouvernement. Il faut convenir qu'elles contrastent d'une manière bien étrange avec l'état de paix parfaite et même d'union intime de toutes les puissances du continent. J'ai dû vous en parler sans en faire l'objet d'une note spéciale. Quel but se propose-t-on en inquiétant ainsi une grande partie de l'Allemagne? Si l'on veut conserver la paix, et nous n'admettons aucun doute à cet égard, pourquoi ces apparences hostiles? Un des bienfaits de la paix est la sécurité dont elle fait jouir; et beaucoup de guerres malheureuses n'ont eu lieu que par des préparatifs faits souvent sans intention de commencer la guerre, mais qui en ont fait naître la crainte. Je livre, Monsieur, ces réflexions à votre bon esprit, à la droiture de vos intentions, à ce vif desir qui nous anime l'un et l'autre de maintenir une parfaite harmonie entre nos deux Gouvernemens. Un tel résultat, dû à nos efforts communs, est ce qui pourrait me flatter davantage. – Que V. Exc. agrée &c.

N.º III.

Lettre de M. le comte de Champagny *à M. le comte* de Metternich.

Toulouse, le 27 juillet 1808.

MONSIEUR L'AMBASSADEUR,

Une affaire particulière m'a donné lieu de vous parler légèrement des préparatifs militaires de votre Gouvernement ; mais lorsque chaque jour leur donne plus de réalité et d'importance, c'est pour moi un devoir de m'en expliquer avec vous d'une manière plus ouverte, mais confidentielle, avant le moment où l'Empereur pourra me donner l'ordre de vous faire à cet égard quelque communication officielle. Que veut votre Gouvernement ? pourquoi trouble-t-il la paix du continent ? Non-seulement il arme, mais il prend de ces mesures extrêmes qu'un extrême danger peut seul justifier. Vos princes parcourent vos provinces ; ils appellent le peuple à la défense de la patrie ; toute la population, depuis dix-huit ans jusqu'à quarante-cinq, est mise sous les armes ; une partie de la milice est appelée à renforcer l'armée active ; tout est en mouvement dans la monarchie autrichienne. Votre peuple, à qui vous annoncez la guerre, est dans l'épouvante ; vos voisins s'alarment de ces préparatifs. Par-tout on dit : Que veut l'Autriche ? quel ennemi la menace ? quel danger a-t-elle aperçu ? Pourquoi a-t-elle l'air de se croire sur le bord de l'abîme, et se prépare-t-elle à lutter, comme s'il était question de défendre son existence ? Et vous savez que, loin de menacer l'Autriche, nous ne lui demandons que d'être en paix avec nous, de s'unir à nous contre l'ennemi commun ; que nous ne prétendons à rien de ce qu'elle possède ; que nous mettons du prix à vivre avec elle dans une parfaite harmonie. Mais vous le prévoyez comme moi : ces préparatifs de l'Autriche, remarqués de toute l'Europe, doivent avoir des suites.

Jusqu'à ce moment l'Empereur peut vouloir les ignorer; mais cependant la prudence lui prescrira des mesures défensives. Chargé particulièrement de veiller à la sûreté de la Confédération du Rhin, il l'avertira de se tenir sur ses gardes; il appellera son contingent; lui-même fera marcher des troupes de l'intérieur vers le Rhin. De toute part on sera sous les armes. Dans un tel état de choses, une étincelle suffit pour produire un incendie. L'Autriche veut-elle sérieusement la guerre? Quel avantage en espère-t-elle? Nous sommes sûrs qu'elle n'a aucun concours à attendre de la Russie. L'Angleterre ne peut lui être que bien médiocrement utile. Elle n'aura pas un allié sur le continent. Si elle ne veut pas la guerre, pourquoi cette excessive dépense qui épuise ses finances, qui détériore ses changes, qui anéantit le crédit de son papier-monnaie? Pourquoi arrêter le cours de sa prospérité intérieure, qui commençait à renaître? Pourquoi nous donner de l'inquiétude, alarmer l'Europe par la crainte de voir renaître la guerre, et éloigner d'elle l'Empereur, qui sera moins disposé à la faire concourir aux arrangemens de l'Europe? Certes, il ne se rapprochera pas d'une puissance qui prend une attitude hostile et menaçante. C'est une barrière que l'Autriche élève entre la France et elle, lorsque la France lui a témoigné davantage le désir de vivre avec elle dans une parfaite harmonie. Vous mettez du prix, Monsieur, à la conserver cette harmonie précieuse, et vous savez qu'elle n'est pas moins l'objet de mes vœux. Faites que nos vœux communs soient remplis. Éclairez votre Gouvernement, et sur nos dispositions à son égard, qui sûrement ne lui laissent rien à craindre, et sur les suites des mesures qu'on lui a conseillées. Ceux qui lui ont donné ces conseils ne sont pas ses véritables amis. Ennemis du repos de l'Europe, ils peuvent plonger leur patrie dans une longue suite de maux. J'espère que vous saurez l'en garantir. Je m'estimerais bien heureux si cette lettre que je vous écris avec l'abandon qu'autorisent nos relations particulières, avait cet utile effet de maintenir entre nos deux Gouvernemens l'heureux accord que leur prescrit leur intérêt commun, non moins que l'intérêt de l'Europe et celui de l'humanité.

Recevez &c.

P. S. Si l'on révoquait en doute, Monsieur, l'exactitude des faits énoncés dans cette lettre, j'en appellerais non-seulement à une foule de lettres de vos négocians, qui témoignent toutes la crainte de voir l'Autriche se précipiter encore dans la guerre, mais aux pièces officielles publiées par votre Gouvernement. Je vous citerais, par exemple, la proclamation répandue à Trieste par l'archiduc *Jean* et le comte *de Saurau*, dans laquelle on dit aux habitans de Trieste, que, quoiqu'ils ne soient pas obligés par les lois de se présenter à la milice, il est cependant du devoir des bons sujets de se rendre à l'appel de leur souverain, lorsque la sûreté individuelle et publique et la tranquillité des États héréditaires l'exigent; et cet appel leur est fait par le même acte où on leur rappelle la fidélité et le dévouement dont ils ont donné des preuves en tant d'occasions. Le reste de l'acte renferme des mesures de discipline et d'exercices militaires, telles qu'on les prescrit aux habitans d'un pays envahi par l'ennemi, restés seuls pour le défendre.

N.º IV.

Note de M. le comte de Metternich, *à M. le comte* de Champagny.

Paris, le 22 juillet 1808.

Le soussigné vient de recevoir la note que son Excellence M. le ministre des relations extérieures lui a fait l'honneur de lui adresser en date du 16 juillet dernier.

Il s'empressera de transmettre à sa cour la réclamation en faveur du sieur *Young*, lieutenant au 2.ᵉ régiment d'infanterie polonaise. Le fait que malgré la régularité des passe-ports dont cet

(23)

officier est muni, et qui le firent admettre en Gallicie sans difficulté,
il se trouverait en état d'arrestation, prouve malheureusement au
soussigné que sa conduite personnelle doit y avoir provoqué contre
lui quelques mesures de police. Quoi qu'il en soit, le soussigné
sera sans doute incessamment mis à portée de donner à son
excellence M. *de Champagny* tous les éclaircissemens relatifs à
cette affaire. Il suffit de l'intérêt que prend la cour de France à
cet individu, pour fixer dans tous les cas celui de Sa Majesté
Imp. et Roy. Ap. sur son compte.

Les plaintes que l'on semble former dans le duché de Varsovie
sur les difficultés plus grandes qu'éprouveraient différentes expor-
tations de la monarchie autrichienne, peuvent, si effectivement quelques privations devaient y exister, ne porter que sur des mesures
administratives, et que le soussigné n'hésite pas de déclarer *générales*
pour tous les pays limitrophes de la province dans laquelle elles
peuvent avoir été mises en vigueur. Il connaît trop la teneur des
instructions données à tous les chefs de provinces, pour pouvoir
admettre la possibilité de prohibitions ou d'entraves partielles qui
ne seraient dirigées que contre les pays occupés par les troupes
françaises. Le Gouvernement de la Gallicie est d'ailleurs éprouvé
depuis trop long-temps, pour qu'il puisse être imputé, au sein de
la paix, d'une partialité de laquelle il ne put jamais être accusé
dans une époque où le feu de la guerre brûlait sur la plus grande
partie de nos frontières, et où les témoignages les plus positifs de
cette vérité furent prononcés par sa Majesté l'Empereur NAPOLÉON
elle-même.

La cour de Vienne est loin de méconnaître les mesures adoptées
par la France dans le duché de Varsovie, et qui tendent à maintenir la tranquillité et la bonne harmonie avec ses voisins. Il serait
sans doute à desirer que ces mêmes vues fussent exclusivement
celles de toutes les autorités et habitans de ce nouvel État. Mais

sans attribuer plus de valeur à ces dernières qu'elles ne méritent, S. M. Imp. Roy. Ap. ne cessera jamais d'ordonner aux administrateurs de ses provinces de procéder envers tous les États limitrophes avec la plus exacte mesure et impartialité. Il n'est point d'employé qui de son côté ne devrait être très-sûr d'entrer complétement dans les vues de sa cour , en ne prenant pas cet ordre dans le sens le plus strict en faveur des lieux qu'occupent les armées françaises.

Le soussigné, en s'empressant également de porter l'attention de son auguste maître sur cet objet, saisit cette occasion pour &c.

Signé METTERNICH.

N.º V.

Lettre particulière de M. le comte de Metternich *à M. le comte* de Champagny.

Paris, le 22 juillet 1808.

Votre excellence rend parfaitement justice à mes intentions et à mes principes. Elle m'en fournit une preuve flatteuse par sa dernière lettre particulière ; et comment répondre mieux à sa confiance qu'en satisfaisant complétement au vœu qu'elle y prononce ?

Vous desirez des éclaircissemens sur les préparatifs de guerre qu'annonçaient, non-seulement les gazettes , mais encore la correspondance de toutes les cours d'Allemagne ; sur un cri de guerre, qui de Vienne y aurait retenti ; sur les mesures enfin qui ont été développées depuis quelque temps dans l'intérieur de la monarchie autrichienne. Il n'est pas une de ces questions que je ne sois à même et que je ne m'empresserai d'épuiser. Je ne puis toutefois que les séparer. Celles de nos mesures d'administration intérieure sont distinctes des bruits de guerre qui circulent en Allemagne et en France.

La monarchie autrichienne se trouve dans une position entièrement différente de celle où se fondèrent les principes administratifs

d'après

d'après lesquels elle est en partie régie. Les institutions sociales
ont depuis vingt ans changé dans la plus grande partie de l'Europe.
Tous les États qui se trouvent en-deçà de la frontière de l'Isonzo,
de l'Inn et de la Bohême, sont devenus éminemment militaires ;
tous ont adopté les principes d'une conscription qui englobe la
totalité de leur population ; la conscription française, en un mot,
cette institution par laquelle cet Empire a fourni tant de ressources,
que le génie de l'Empereur a développées et appliquées, n'est pas
seulement mise en exécution dans les deux tiers du continent ;
elle se trouve former une des bases premières du pacte social de la
constitution de plusieurs nouveaux États, tels que le royaume de
Westphalie ; elle vient d'être également introduite dans le duché
de Varsovie. La Bavière se donne une constitution ; la conscription y est étendue, contre les idées qui jusqu'à présent régirent
les anciens États de l'Allemagne, à l'universalité de ses habitans.
Toute l'Italie recrute ses armées par la voie de la conscription.

L'Autriche est un des premiers États qui ait établi chez lui le
complétement de ses armées par la voie d'une conscription. Les
seuls pays à constitution, tels que la Hongrie, &c., en furent
exempts et le sont encore ; mais elle ne fut, elle n'est pas étendue
dans ce moment même aux classes privilégiées des provinces allemandes, &c. Les exemptions seules ne forment pas la grande infériorité de cette institution, en la comparant à celle qui fut créée
en France ; il existe chez nous des vices auxquels il fallut remédier,
depuis sur-tout que le huitième de l'armée rentre, ensuite de la
capitulation à terme, tous les ans dans ses foyers. Notre armée se
complétait en partie par des hommes qui lui arrivaient de l'an-
cien Empire germanique : cette source n'existe plus. Le mal devint
plus sensible à mesure que des institutions nouvelles réformèrent
le reste de l'Europe. L'état complet de repos, les relations tranquilles et satisfaisantes dans lesquelles se trouve l'Autriche avec

D

toutes les puissances du continent, lui indiquèrent le moment où, après quinze années de guerre ou d'agitations, elle put tourner ses regards vers son intérieur, et où elle put mettre enfin à exécution les plans conçus et adoptés immédiatement après la paix de Presbourg. Elle commença par la réforme la plus essentielle à sa considération intérieure, la plus urgente, parce qu'elle ne promet des résultats qu'au bout de plusieurs années, et qu'elle porte sur la grande masse des sujets. Il fallut songer à remplacer les militaires sortans, par des soldats moins neufs au service, au maniement des armes, aux mots de commandement même incompréhensibles pour la plupart des recrues tirées dans dix peuples divers. On s'arrêta à la formation des *réserves*, puisée dans les institutions françaises ; on l'appliqua à l'infériorité de notre système de conscription, qu'on ne voulut pas renverser dans son entier. L'établissement des réserves fut dicté, en outre, par des vues financières. Le surchargement des cadres, qui eût atteint le but militaire, enlevait des bras à l'agriculture et pesait sur le trésor de l'État.

Mais tous les citoyens de la France et de ses États confédérés sont appelés aux armes sans nulle distinction et exception. L'habitant des villes et des campagnes y est tenu à la défense de ses foyers. On voulut admettre également chez nous à ce devoir respectable le propriétaire, les classes privilégiées de la nation ; on établit dans les provinces allemandes une espèce de *garde nationale sédentaire*. La constitution hongroise appela de tout temps toutes les classes de la société à la défense de la patrie.

Voilà ce qui s'est fait, et les patentes publiées au mois de mai et de juin renferment l'idée toute entière de la cour. Nul cadre nouveau n'a été créé ; nul rassemblement extraordinaire de troupes n'a eu lieu, excepté sur les frontières de la Turquie, où la guerre entre deux puissances voisines provoqua cette mesure de sûreté. Personne, dans la monarchie autrichienne, ne s'est mépris, ni sur l'esprit qui dicta au Gouvernement ces mesures, ni sur leur application. Elles eurent le suffrage général, parce que la nation entière les regarda comme devant assurer à la patrie des moyens de défense respectables. Elle eût accusé la cour d'une impardonnable nonchalance, si elle était restée plus arriérée encore qu'elle ne l'a fait, de voisins qui, amis aujourd'hui, peuvent un jour devenir nos ennemis. Si quelques-uns d'entre eux veulent voir, dans une refonte d'anciennes institutions, dans des mesures purement organiques, des idées offensives, qu'ils se tranquillisent, qu'ils trouvent la certitude de la conservation de la paix dans ces mesures elles-mêmes. Nulle institution permanente ne saurait porter un caractère offensif; cet état doit, par sa nature même, se borner à des efforts temporaires. Il n'en existe nulle part chez nous. La formation d'une réserve pour le remplacement des soldats sortans doit aussi peu être regardée par eux comme une mesure offensive, que l'introduction de la conscription militaire dans le duché de Varsovie, en Bavière, dans tous les Etats de la Confédération, n'a été regardée comme telle par nous. L'amitié et l'intérêt qui lient l'Autriche à la France, l'impérieux besoin qu'elle a de la paix, le caractère connu de l'Empereur, en assurent la durée.

V. E. me parle de bruits de guerre qui seraient partis de Vienne et inquiéteraient une partie de l'Allemagne. Elle me délivre d'un véritable fardeau, que ma manière de voir, qui ne s'arrête à des bruits de ce genre que quand j'y suis imminemment forcé, m'a fait supporter pendant long-temps. Non, ils ne partent pas de Vienne, mais ils y sont parvenus ces bruits de guerre, qui y agitent autant le public que la cour y attache jusqu'à présent peu de valeur.

Ce sont des corps français qui en Prusse durent se rassembler, et qui en partie se rassemblent en Silésie, dont tous les généraux, officiers, soldats sans exception, se firent précéder de la nouvelle de leur entrée en Bohême ; ce sont les militaires du duché de Varsovie qui parlent à qui veut y croire de la leur en Gallicie ; ce sont les feuilles allemandes soumises à la censure des États confédérés qui ne cessent de parler de cessions que nous demande la France, de négociations également dénuées de fondement et de vraisemblance. Tous les rapports que sa Majesté impériale doit avoir reçus de Paris lui auront prouvé les propos d'une prochaine attaque dirigée contre l'Autriche, répandus dans toutes les classes du public, répandus trop long-temps et compromettant trop directement les relations pacifiques qui existent entre nos deux cours, pour qu'ils aient pu échapper à la juste surveillance du Gouvernement. Ils doivent lui avoir prouvé également mes soins très-prononcés de contredire ces faux bruits. Je pourrai fournir des preuves de la première de ces assertions, par les rapports de nos commandans militaires en Bohême et de nos employés civils sur toutes nos frontières, par les lettres que j'ai reçues ou que j'ai été à même de voir de tous les points de l'Allemagne, et qui toutes portent le vœu d'être éclairé sur les bruits accrédités par des militaires français et confédérés. Les feuilles publiques susdites et les nôtres sont entre les mains de tout le monde.

C'est depuis plusieurs mois que je lutte contre ces bruits, que je me suis rendu garant vis-à-vis de ma cour de leur nullité et des intentions tout-à-fait pacifiques de sa Majesté l'Empereur NAPOLÉON, garantie qui n'a pu y rencontrer d'incrédules. Si l'on avait attaché une valeur différente à ces bruits, les mesures qu'on aurait adoptées chez nous s'en seraient ressenties ; elles se sont bornées à l'ordre de ne pas s'inquiéter des propos venant de l'armée française, et à la plus parfaite tranquillité dans l'intérieur de la monarchie.

C'est à l'époque où ces alarmes, dont les auteurs premiers me sont entièrement inconnus, s'accréditèrent le plus généralement, que, privé de tout moyen de communication confidentielle avec la cour près de laquelle je suis accrédité, j'adressai au ministre de la police générale mon vœu particulier que quelques articles rassurans sur les relations entre la France et l'Autriche vinssent renforcer les argumens de ma cour et les miens ; démarche qui, à la grande satisfaction de la première, eut tout le succès que j'étais en droit d'attendre de la part d'un ministre français. Je cite ce fait, parce qu'il rappelle une circonstance où il s'agissait de *tranquilliser le peuple autrichien sur les alarmes venues de dehors.* Votre Excellence rend toute justice à ma cour en parlant de ses efforts de persuader l'Europe entière qu'elle se trouve dans un état de paix profonde et dans une parfaite harmonie avec ses voisins ; que la France particulièrement ne lui demande rien, ne prétend rien de ce qui lui appartient, n'a aucune vue prochaine ni éloignée qui puisse lui donner la plus légère inquiétude. Tel est effectivement notre état de sécurité ; telle est la conviction qui nous a fait mépriser, aussi long-temps que l'agiotage n'en fit pas des moyens de ruine pour l'État, des bruits généralement répandus dans les lieux occupés par les armées françaises et dans les États de la Confédération. Ce n'est qu'alors que je pris sur moi une démarche qui m'eût fourni, si votre Excellence eût été à Paris, un moyen nouveau de lui prouver que le seul desir qui m'anime est celui de maintenir la plus parfaite harmonie entre nos deux Gouvernemens.

Je suppose que ma note de ce jour, relative aux vaisseaux américains, épuisera tout ce que sa Majesté impériale et royale pouvait desirer. Je m'empresserai de lui communiquer dans la suite les résultats de l'enquête qu'a de nouveau ordonnée l'Empereur, et pour laquelle les actes ont été renvoyés de Trieste à Vienne.

Votre Excellence recevra sans doute incessamment une nouvelle dénonciation de relations directes entre l'Autriche et l'Angleterre. Un parlementaire anglais est arrivé à Trieste ; voilà un fait sur lequel le consul ne sera pas trompé. Loin d'hésiter, je m'empresse de détruire confidentiellement d'avance les rapports qu'il pourra avoir adressés à Baïonne à ce sujet. Le parlementaire a été dépêché par l'amiral *Collingwood*, ensuite des notions que ce commandant des forces anglaises dans la Méditerranée avait reçues de l'insurrection de l'Arragon, et de la proclamation de *Palafox*. Il était chargé d'une simple lettre de l'amiral à l'archiduc *Charles*, laquelle, en se référant à ce qu'il supposait devoir être connu à S. A. I. de cette proclamation, lui offrait une frégate pour le transporter en Espagne. Toute cette mission ne méritait point de réponse; on fit dire au parlementaire qu'il n'y en avait point, et qu'il avait à s'en aller.

Fier de l'alliance que votre Excellence me propose dans le but de contribuer, par tous nos efforts personnels, au maintien de la meilleure harmonie entre nos deux cours, c'est à elle-même qu'il faut qu'elle s'en prenne de la longueur de cette lettre. Elle ne me verra jamais ni dévier de mes principes ni changer de marche : si les premiers sont parfaitement d'accord avec ceux de votre Excellence sur le bonheur qui doit résulter d'un état de calme vers lequel tendent tous mes vœux, je n'ai point de mérite à la seconde. Convaincu qu'on ne se comprend qu'autant qu'on s'explique, je crains toujours de moins que de trop dire.

Je saisis avec plaisir cette occasion de renouveler &c.

Signé METTERNICH.

N.º VI.

Lettre de M. le comte de Champagny *à M. le comte de* Metternich

Bordeaux, le 30 Juillet 1808.

Monsieur l'ambassadeur, j'ai reçu votre lettre du 22 juillet; et quoique ce ne fût qu'une lettre confidentielle, j'ai cru que je ne trompais pas vos intentions en la montrant à sa Majesté l'Empereur.

Sa Majesté m'en a paru assez satisfaite pour me donner lieu de penser qu'elle aurait pu se déterminer à révoquer quelques mesures défensives, telles que l'armement des places de Silésie qu'elle venait d'ordonner. Mais il faut vous le dire avec franchise, en même temps que votre lettre opérait ce bon effet, une impression bien différente naissait des lettres reçues dans le même moment de Munich, et sur-tout de Dresde. Ce qui blessait était beaucoup moins ce que l'on disait de vos armemens, que les détails qu'elles contenaient sur la direction que dans les États autrichiens on donne à l'esprit public. Aux bains de Tœplitz, de Carlsbad, d'Égra, on ne respire que la guerre ; on veut que ce soit le moment pour l'Autriche de la commencer avec succès : on dit que des paysans espagnols, fanatisés par des prêtres, ont détruit toute l'armée française en Espagne ; que celle qui est en Allemagne se compose à peine de cent mille hommes ; que celle d'Italie est insuffisante pour réprimer une nouvelle insurrection qu'on fait naître en Calabre, et pour apaiser les troubles qu'on suppose exister dans la Dalmatie et dans les îles Ioniennes.

C'est par des contes semblables que la Prusse a été entraînée l'année dernière à une résolution si désastreuse pour elle. Les agens de l'Angleterre qui l'ont précipitée dans une ruine totale, travaillent maintenant l'Autriche ; ils l'engagent dans des mesures dont l'effet n'a pas été approfondi, lui font faire des armemens dispendieux dont elle ne pourra soutenir le poids, et qui la meneront à la guerre par la méfiance qu'ils excitent au dehors, par la fermentation qu'ils font naître au-dedans. On parle au peuple de ses dangers ; on l'appelle à la défense de la patrie ; on le met en mouvement, et bientôt on sera emporté par ce mouvement qu'on lui aura imprimé. Les hommes les plus sages de la monarchie ne pourront résister au torrent. Le cri de la guerre, imprudemment lancé, n'aura pas en vain retenti au-dedans et au-dehors. Voulez-vous une preuve de cet effet ! voyez ce qui vient de se passer à Trieste ; voyez la nouvelle milice de cettte ville en parcourir les rues, insulter les voyageurs français et italiens, même dans les maisons, se rassembler au nombre de quinze cents hommes autour de la maison du consul de France, l'insulter par des propos outrageans, en renouvelant la scène du général *Bernadotte* à Vienne. Voyez dans le même temps la police de la ville, que je suppose plutôt faible que malveillante, restant inactive et cherchant ensuite à atténuer les torts qu'elle n'a pas réprimés, plutôt qu'à les punir. Voilà comment, sans le vouloir, on se trouve sur le chemin de la guerre.

En voulez-vous une autre preuve ? Deux courriers français portant des dépêches en Dalmatie ont été arrêtés et leurs dépêches enlevées. L'Empereur n'attribue cet acte de violence qu'à la fermentation populaire que font naître vos nouvelles mesures.

Sans doute, Monsieur, l'Autriche avait le droit de faire dans son état militaire les modifications qu'elle jugeait nécessaires : mais a-t-on jamais vu opérer de tels changemens en temps de paix avec cette précipitation ? exiger en avril que tout soit fini avant le premier juillet, comme si à cette époque la guerre eût éclaté ! mettre dans un moment quatre cent mille hommes sur pied, indépendamment de la force dont on accroissait l'armée active, les armer, les exercer, leur présenter le danger comme imminent, et par conséquent la guerre comme inévitable ? Peut-on voir cela et ne supposer aucun projet à l'Autriche ? Il est certain, Monsieur, qu'après une pareille secousse donnée à l'opinion, et la fermentation qu'elle doit produire si l'on ne prend aucune mesure dans un sens tout contraire, la guerre est inévitable ; elle aura lieu contre le vœu des deux Empereurs, de leurs ministres et des hommes les plus sages des deux contrées.

Vous me parlez, Monsieur, de craintes qu'ont fait naître les camps formés dans les contrées occupées par les troupes françaises.

Mais

Mais ne sait-on pas que c'est l'usage des armées françaises au-dehors ; qu'en certaines contrées de l'Italie elles sont campées toute l'année ? Certes, l'Empereur eût contremandé ces camps, s'il avait pensé que cela pouvait donner de l'inquiétude. Mais voyez d'ailleurs l'attitude de l'Empereur. N'a-t-il pas démantelé les places de la Silésie ? ne les a-t-il pas laissées entièrement dégarnies, n'ayant ni un canon, ni un grain de blé ? n'a-t-il pas rendu Braunau ? Il n'eût pris aucune de ces mesures s'il avait eu des vues hostiles contre l'Autriche. Vous parlez de propos de nos militaires : et que veulent dire ces propos ? n'est-ce pas toujours le langage des militaires de tous les pays ? ne se croient-ils pas par honneur obligés d'appeler la guerre de leurs vœux, et de paraître l'espérer parce qu'ils la desiren ?

Si vous avez eu des craintes, pourquoi ne les avez-vous pas fait connaître ? Vous ne m'avez jamais rien dit à cet égard. A Vienne, on n'a rien fait entendre de semblable au général *Andréossy*.

Voulez-vous être tranquillisés sur les dispositions de la France ? toutes les assurances que vous pouvez desirer vous seront données. Voulez-vous que les camps de la Silésie soient levés ? ils le seront. Voulez-vous que l'armement des places de cette province qui vient d'être ordonné soit contremandé ? il le sera ; que les approvision-nemens de Palma-Nova cessent ? ils cesseront. Des déclarations publiques vous seront données si vous le desirez ; elles seront telles, que la supposition d'une attaque de la France sera évidemment absurde : mais, de votre côté, arrêtez, révoquez ces mesures évi-demment menaçantes et hostiles, incompatibles avec la situation actuelle de l'Europe, avec la sécurité dont elle a besoin, qui éloignent toute espérance de paix générale, incompatibles sur-tout avec le caractère et les principes de l'Empereur.

Vous voyez, Monsieur, que ce n'est pas nous qui nous laisse-rons égarer par de fausses mesures. Si vous êtes dans une semblable disposition , les intrigues des agitateurs de l'Europe seront bientôt déjouées, et le continent restera paisible. Ou l'Autriche veut la guerre ; alors ses armemens s'expliquent , nous ferons la guerre : ou elle est égarée par les conseils des ennemis du continent; mais, dans ce cas, les propositions que je vous fais doivent lui ouvrir les yeux, en ne laissant pas l'ombre d'un prétexte à ses immenses préparatifs.

Je desire, Monsieur, une prompte réponse à cette lettre, et voici pourquoi : l'Empereur n'avait point eu le projet de lever une conscription cette année ; mais il y a songé depuis que l'Autriche entière est sur pied, et il ne veut pas laisser passer le mois d'août sans en faire la proposition au Sénat. Il a besoin d'être rassuré. Depuis long-temps il a pour principe de ne pas rejeter ce qui est invraisemblable. Il sait comment les passions aveuglent, et avec quelle facilité elles sont mises en jeu par des hommes accoutumés à agiter le continent par leurs intrigues. Il se rappelle qu'on avait abusé le Gouvernement de la Prusse au point de lui faire penser que l'armée française, forte en effet de trois cent mille hommes, l'était à peine de cent mille, et cependant cette armée était presque campée sur les terres dépendantes de la Prusse. L'Angleterre pousse sans cesse à la guerre, et peu lui importent les événemens : son but est atteint, lorsque les peuples du continent se déchirent.

Je vous ai parlé de l'affaire de Trieste. Il est inutile de vous en demander satisfaction ; l'Empereur NAPOLÉON croit pouvoir l'attendre de l'Empereur *François*, et telle qu'il aimerait à la donner si une pareille scène avait eu lieu dans une place de sa domination.

Vous retrouverez, dans cette lettre, le langage à-la-fois ferme ; sincère et pacifique que je vous ai constamment tenu. C'est à vous que j'aime à le tenir, à vous qui avez vécu parmi nous, et qui saurez fort bien reconnaître qu'aucun sentiment de faiblesse ne dicte ces propositions, qui vous sont faites pour éloigner jusqu'aux plus légères apparences de la guerre. Vous connaissez notre situation, et je puis dire à M. *de Metternich* ce qu'il serait inutile de dire à l'ambassadeur d'Autriche. Notre grande armée est plus forte que jamais ; elle et l'armée d'Italie sont doubles de ce qu'elles étaient en 1805 ; les troupes de la Confédération peuvent être promptement réunies, et soixante mille hommes se rendent de l'intérieur sur Strasbourg, Mayence et Cassel. Nous sommes donc fondés à penser qu'une guerre contre l'Autriche ne pourrait être qu'heureuse.

Nous ne craignons donc pas la guerre ; mais nous ne la voulons pas. Nous ne la voulons pas, parce que nous n'avons aucun motif pour la faire, et qu'elle ne nous présente aucun but, que nous n'avons aucun grief contre l'Autriche, et que nous ne desirons rien de ce qu'elle possède ; parce que beaucoup de considérations politiques viennent à l'appui de cette opinion, qu'il importe à l'intérêt de la France que l'Autriche conserve la puissance qu'elle a maintenant ; parce qu'enfin l'Empereur ne se joue pas du sang des hommes, et qu'il ne fait pas la guerre pour le plaisir de la faire.

Arrêtez donc, Monsieur, ce mouvement imprimé à la monarchie autrichienne, et dont la guerre sera l'inévitable résultat. Qu'il soit arrêté par un mouvement tout contraire. Les propositions que je vous fais donnent à votre Gouvernement toute facilité à cet égard. Si, en dépit de ces offres pacifiques, si, malgré toutes les démarches qu'a inspirées le desir de rester en paix avec votre Gouvernement, la guerre a lieu, nous la ferons avec d'autant plus de rigueur que nous y aurons été forcés ; et les malheurs qui en résulteront, ne pourront nous être imputés.

En terminant cette lettre, Monsieur, j'ai le plaisir de vous annoncer que le prompt retour de S. M. dans la capitale me mettra à portée de renouveler à V. Exc. les assurances &c.

N.º VII.

Lettre de M. le comte de Metternich *à M. le comte* de Champagny.

Paris, 3 août 1808.

MONSIEUR LE MINISTRE,

La note confidentielle que V. Exc. m'a fait l'honneur de m'adresser, le 27 juillet, de Toulouse, m'est parvenue le 1.ᵉʳ août. Occupé à lui répondre, je reçus hier sa nouvelle note en date de Bordeaux, du 30 juillet.

Si la première de ces pièces était de nature à me faire entrevoir la peine véritable que l'Empereur mon maître éprouverait à sa lecture, je ne puis que me féliciter de la manière dont mes communications du 22 juillet dernier ont été accueillies par S. M. l'Empereur NAPOLÉON. Quelle pénible impression devait effectivement produire sur un souverain d'un caractère éminemment pacifique, attaché aux véritables intérêts de ses peuples, inébranlable dans la marche politique qu'il trouve la plus conforme à ses vrais intérêts, des questions dans le genre de celles qui venaient de lui être adressées de Toulouse! L'Empereur ne pouvait que regretter que tant de preuves fournies à la France dans les momens les plus critiques, que tant de démarches directes de nouer avec elle les relations les plus intimes, que les preuves renouvelées qu'il venait de donner de sa constante adhésion aux principes qui guident la ligue continentale, eussent cédé à la première impression que des bruits créés, nourris et amplifiés par la malveillance, avaient évidemment produite sur un cabinet que tous les calculs devaient unir à lui ; alliance puissante, la seule dont les bases ne devraient jamais fléchir, parce qu'elles reposent sur l'intérêt commun et réciproque des deux Empires.

Les explications franches, simples, dénuées de tout fard, que j'ai crues seules dignes de S. M. l'Empereur Napoléon, ont produit en partie l'effet que j'en attendais. On leur oppose en ce moment des bruits répandus à Tœplitz, Carlsbad, Égra : je suis sans inquiétude. Des bruits forgés et accrédités dans ces *cafés de l'Europe*, doivent s'affaisser eux-mêmes. Je ne ferai pas remarquer à V. Exc. que ce ne sont pas *ceux de l'Autriche*. Les neuf dixièmes des habitués de ces lieux sont des étrangers, causeurs parce qu'ils sont oisifs, guerroyeurs parce qu'ils ne se trouvent pas compromis dans le sort du pays qu'ils habitent momentanément. Si ce sont là des jets d'une influence étrangère, elle prouve sa nullité par les lieux et par l'extrême frontière où elle s'exercerait. Que S. M. l'Empereur se persuade qu'il n'en existe nulle dans les conseils de l'Empereur *François*, que tout préjugé et toute illusion en sont également éloignés. Le passé doit le lui avoir prouvé ; le présent et l'avenir le lui prouveront.

V. Exc. me parle d'une espèce d'attroupement à Trieste, de l'arrestation de deux courriers en Croatie ; faits desquels jusqu'à présent je n'ai nulle connaissance. Je les déplorerais comme tout événement contraire à l'ordre public, contraire aux relations les plus simples qui doivent exister entre voisins et amis, s'ils ne fournissaient une occasion nouvelle à ma cour de prouver à S. M. l'Empereur Napoléon qu'il ne se trompera jamais en calculant le redressement de griefs de ce genre, sur l'échelle de ce qu'il ferait lui-même s'ils avaient eu lieu sur son propre territoire. Je réponds à V. Exc. de la plus sévère punition des coupables.

Je me suis empressé de transmettre à Vienne les dernières communications de V. Exc. Je les ai fait porter chez le comte *de Mier*, n'ayant pour le moment point de courrier du cabinet à mes ordres. La considération que V. Exc. m'a communiquée, n'ajoutera que peu à la promptitude que l'Empereur mettra à sa réponse : il ne la puisera que dans les intentions amicales qui l'animent ; elles lui sont trop présentes, pour que les nouvelles preuves que S. M. en donnera à la France, puissent souffrir le moindre retard au-delà de celui physiquement commandé.

La confiance que V. Exc. est si fort en possession de m'inspirer, me porte à ne pas lui cacher mon vœu que S. M. I. suspendît, jusqu'au retour de mon courrier, toute mesure propre à accréditer dans le public, plus qu'elle ne l'est, l'opinion d'une prochaine rupture entre la France et l'Autriche. Je me servirai, à l'appui de ce vœu, des remarques infiniment justes qu'elle a consignées dans ses derniers offices, sur l'inconvénient des citations, qui, malgré les vœux des souverains, de leurs ministres et des hommes les plus sages des deux peuples, mènent souvent au plus grand des fléaux pour l'humanité. Ne relevons pas l'espoir de l'ennemi commun par des apparences d'attaque qui, en Autriche comme ailleurs, ne peuvent qu'influer défavorablement sur le public, privé de la connaissance du véritable état des questions; qui, de part et d'autre, peuvent placer les cours dans une attitude aussi opposée aux vues des deux Empereurs qu'aux désirs des deux nations. Ne fournissons pas aux malveillans, aux fauteurs véritables de la guerre, de nouvelles armes pour jeter du louche sur les unes et sur les autres. Rien de plus facile, et malheureusement de plus commun, que de voir présenter, comme des vues actives, ce qui au fond n'est que le résultat d'un sentiment très-opposé.

En remettant à mon auguste maître le soin de répondre en détail aux ouvertures de S. M. l'Empereur NAPOLÉON, V. Exc. se convaincra que je n'hésite pas de préjuger complètement le seul vœu qui l'anime, et par conséquent le sens des ordres que je recevrai.

N.º VIII.

Note de M. le comte de Champagny à M. le comte de Metternich.

Paris, le 10 mars 1809.

Le soussigné, ministre des relations extérieures , a rendu compte à S. M. l'Empereur son maître, de la communication qui lui a été faite par S. Exc. M. le comte *de Metternich* du retour de M. le comte *de Mier*, et de la résolution qu'avait prise le cabinet de Vienne de mettre ses armées sur le pied de guerre.

L'Empereur NAPOLÉON a été peiné de cette résolution. Les armemens de l'Autriche, la conduite peu amicale de ses légations à Constantinople et en Bosnie, des écrits répandus avec profusion dans toute la monarchie contre la France , faisant craindre à sa Majesté que la faction anglaise ne prît du crédit à Vienne, l'avaient décidée à arrêter sur la Meurthe et la Saone la marche de ses divisions qui se portaient sur Boulogne, Brest et Toulon. Sa Majesté avait en même temps engagé les princes de la Confédération à se tenir prêts à tout événement, pour pouvoir, au besoin, réunir leurs troupes, et être en état, s'il le fallait, de repousser toute agression.

Mais , après la déclaration de M. *de Metternich* , sa Majesté a donné ordre que ses troupes se portassent de l'intérieur de la France au-delà du Rhin, pour veiller à la sécurité de ses alliés et confédérés, et que les troupes de ceux-ci fussent mises, sans délai, sur le pied de guerre. Ainsi des armées seront opposées à des armées. L'initiative de l'inquiétude , des menaces et des armemens, sera provenue de l'Autriche. C'est à elle à faire connaître quand cet état devra cesser. Comme aucun différent n'existe entre les deux cours , et que, depuis le traité qui a été suivi de l'évacuation de Braunau par l'armée française, il n'y a aucun sujet de litige entre les deux puissances, sa Majesté ignore entièrement à qui on en veut et ce qu'on prétend; mais de son côté elle desire voir l'Europe jouir du calme et de la sécurité de la paix, et ses peuples recueillir le fruit des économies qui en sont le résultat. Le soussigné est chargé d'exprimer ce vœu à M l'ambassadeur.

Il prie son Excellence &c.

Signé CHAMPAGNY.

N.º IX.

Note de M. le comte de Metternich *à M. le comte* de Champagny.

Paris, le 12 Mars 1809.

Le soussigné, ambassadeur de sa Majesté l'Empereur d'Autriche, a reçu hier la note que son Excellence M. le ministre des relations extérieures lui a fait l'honneur de lui adresser en date du 10 de ce mois.

Le 31 janvier dernier, son Excellence M. le ministre des relations extérieures fit au soussigné la communication d'une dépêche de son Altesse impériale le vice-roi d'Italie, portant plainte sur deux faits particuliers, sur l'arrestation d'un homme à Gorice, et la difficulté de séjourner à Trieste dont se plaignit un officier français. Il expédia le lendemain M. le comte *de Mier* à Vienne. Par l'empressement qu'il mit à porter à la connaissance de sa cour ces sujets de plainte, il fournit au cabinet des Tuileries une preuve nouvelle du vœu constant de son auguste maître d'entretenir avec Sa Majesté l'Empereur des Français les relations les plus amicales, et de son désir particulier de contribuer à écarter, par tous les moyens

en

en son pouvoir, les plus légers motifs qui seraient de nature à troubler la bonne intelligence entre les deux cours.

La connaissance des principes éprouvés de l'Empereur son maître,
celle du fait non moins certain que depuis le traité qui a été suivi
de l'évacuation de Braunau, il n'exista nul sujet de litige entre les
deux puissances, engagea le soussigné à représenter confidentiellement, et en plusieurs occasions, depuis le mois de janvier dernier,
à son Excellence M. le ministre des relations extérieures, la surprise
que devait produire à Vienne l'ordre transmis à cette époque aux
princes de la Confédération du Rhin de tenir leur contingent prêt
à pouvoir se mettre en marche peu de jours après que la réqui-
sition leur en serait faite. Le soussigné renforça ses argumens par
des considérations sur la masse des inquiétudes et des doutes répandus depuis peu sur la nature des relations entre les deux cours
par les journaux français et plusieurs feuilles allemandes publiées dans les États de la Confédération. Le 7 février, il eut
l'honneur de prévenir son Excellence que le 29 janvier (jour de
l'expédition d'un courrier qui venait de lui arriver) nul mouvement n'avait lieu dans l'Empire autrichien, malgré que des avis
préliminaires sur les mesures ordonnées à la Confédération par
Sa Majesté l'Empereur des Français fussent parvenus à la connaissance de sa cour. Il lui réitéra à cette époque sa conviction particulière, que les nouvelles mesures prises en France et en Allemagne,
que la marche sur-tout des troupes françaises vers la Bavière (circonstance aucunement prévue à Vienne au moment du départ du
courrier), finiraient par déterminer l'Empereur à rassurer ses peuples
en activant quelques mesures défensives.

M. le comte *de Mier* revint à Paris le 1.er mars. Il porta au
soussigné ambassadeur de sa majesté l'Empéreur d'Autriche, l'ordre
d'informer son Excellence M. le ministre des relations extérieures,
que Sa Majesté impériale, toujours fidelle à son vœu d'entretenir

F

avec la cour de France les meilleures relations, avait sur-le-champ ordonné une enquête sur les objets particuliers qui motivèrent l'envoi de M. *de Mier* à Vienne. L'ambassadeur se réservait de transmettre, le plutôt possible, à M. *de Champagny*, le résultat de ces recherches.

Dans l'entretien que le soussigné eut avec le ministre des relations extérieures, il ne cacha point à son Excellence que les suppositions que, dès les derniers jours de janvier, il lui avait communiquées sur l'effet que pourrait produire à Vienne l'armement de la Confédération, &c. venaient de se réaliser en partie. En ajoutant que la nouvelle inexplicable qu'on y avait reçue depuis, de la réunion de corps considérables de troupes françaises dans les États bavarois, de la marche d'autres corps vers le midi de l'Allemagne et le nord de l'Italie, avaient porté S. M. à ordonner dans ses États plusieurs mesures défensives, le soussigné accompagna de nouveau ce témoignage de confiance de sa part, de l'expression de ses regrets de voir un état de choses si opposé aux vœux et aux soins de son auguste maître, succéder à des relations et des explications amicales qui, depuis la susdite époque de l'évacuation de Braunau, existèrent entre les deux cours. Si le retour de M. *de Mier* n'avait été retardé par la marche des colonnes françaises se dirigeant vers la Bavière, retard sur lequel le soussigné a déjà eu l'honneur de témoigner dans le temps ses regrets à M. le ministre des relations extérieures, il eût été à même de transmettre à son Excellence, un ou deux jours plutôt, les assurances officielles des seules intentions qui animent son auguste maître envers sa Majesté l'Empereur des Français.

En prévenant son Excellence de son empressement de transmetre à sa cour la note du 10 mars, le soussigné a cru devoir rappeler, dans un cadre rapproché, les dernières relations dans lesquelles il a servi d'intermédiaire. Il ne peut qu'ajouter que, si sa Majesté

l'Empereur d'Autriche a dû puiser, bien malgré elle, dans les mouvemens qui eurent lieu depuis le mois de janvier dernier, de véritables
sujets d'inquiétude sur les relations qu'elle desire voir exister entre
elle et la France, elle n'ambitionne, de son côté, que de voir
l'Europe jouir du calme et de la paix, le premier des bienfaits que
de tout temps elle desira conserver à ses peuples.

Le soussigné prie son Excellence M. le ministre des relations
extérieures d'agréer l'assurance réitérée de sa haute considération.

Signé METTERNICH.

Paris, le 12 mars 1809.

N.º IX *bis.*

Lettre de S. A. I. et R. le prince Charles *d'Autriche, à M. le Général
en chef de l'armée française en Bavière.*

Au quartier-général, le 9 avril 1809.

D'après une déclaration de S. M. l'Empereur d'Autriche à
l'EMPEREUR NAPOLÉON, je préviens M. le Général en chef de
l'armée française, que j'ai l'ordre de me porter en avant avec les
troupes sous mes ordres, et de traiter en ennemies toutes celles
qui me feront résistance.

Signé CHARLES.

OBSERVATIONS.

Les pièces officielles qui précèdent, et dont Sa Majesté
a ordonné qu'il fût donné communication au Sénat,
comprennent toute la correspondance sur les affaires
générales, qui a eu lieu entre le Ministre de Sa Majesté

et la légation de la cour de Vienne. L'avant-dernière de ces pièces, qui exprime, de la part de la cour de Vienne, le vif *desir de voir l'Europe jouir du calme et de la paix*, et la dernière, qui est une véritable déclaration de guerre, présentent un contraste qui doit frapper tous les esprits : il convient en même temps d'observer que la suite des huit premières pièces laisse apercevoir une lacune de sept mois, depuis le 3 août 1808 jusqu'au 10 mars 1809, pendant laquelle il semblerait que les communications entre les deux cabinets auraient été ralenties ; mais il est facile de rendre raison de cette interruption de correspondance, devenue moins nécessaire par l'arrivée de Sa Majesté à Paris au commencement du mois d'août, et par le retour du ministre, qui put reprendre dès-lors le cours de ses communications verbales et de ses conférences avec les ministres accrédités auprès de Sa Majesté. Dans cet intervalle, des événemens d'un grand intérêt se passèrent en Allemagne, et les rapports politiques entre les deux cours se présentèrent successivement sous différens aspects. Ces variations se trouvent consignées et constatées dans quelques documens d'une nature et d'une importance supérieure, et dont Sa Majesté a également autorisé la communication au Sénat. Il a paru néanmoins nécessaire d'en faire précéder la lecture par celle du précis d'une déclaration verbale, et, pour ainsi dire, publique, de

Sa Majesté à l'ambassadeur de la cour de Vienne, à une de ses audiences diplomatiques : précis qu'elle a ordonné à son ministre de faire connaître par une circulaire à ses ambassadeurs près les cours étrangères.

Cette communication sera enfin complétée et terminée par la lecture d'un rapport qui fut présenté à Sa Majesté le 2 de mars, et qui rend suffisamment compte des constans et inutiles efforts qui ont été faits depuis six mois pour ramener l'Autriche aux dispositions de confiance et aux mesures pacifiques, dont, par le seul sentiment de ses véritables intérêts, elle n'aurait jamais dû s'écarter.

N.° X.

Dépêche adressée au Général Andréossy, *le 16 août 1808, par M. le* Comte *de* Champagny.

Monsieur l'Ambassadeur ;

Sa Majesté l'Empereur est de retour de son voyage dans le midi de la France : elle est arrivée à Saint - Cloud le 14 au soir ; et le 15, jour de sa fête, elle a reçu, avec toute la solennité ordinaire de ce jour, les princes, les ministres et grands officiers de l'Empire, le Sénat, le Conseil d'état, tous les corps des fonctionnaires publics, et enfin le corps diplomatique. Cette audience donnée au corps diplomatique a été remarquable par un très-long entretien de Sa Majesté avec l'ambassadeur d'Autriche, dont je voudrais pouvoir vous faire connaître au moins la substance.

L'Autriche veut donc nous faire la guerre, a dit l'Empereur, ou elle veut nous faire peur. M. *de Metternich* a protesté des intentions pacifiques de son Gouvernement. — Si cela est ainsi, pourquoi vos immenses préparatifs? — Ils sont purement défensifs, a répondu M. *de Metternich*. — Mais qui vous attaque, pour songer ainsi à vous défendre! qui vous menace, pour vous faire penser que vous serez bientôt attaqués? Tout n'est-il pas paisible autour de vous? Depuis la paix de Presbourg, y a-t-il eu entre vous et moi le plus léger différent? Ai-je élevé quelque prétention alarmante pour vous? Toutes nos relations n'ont-elles pas été extrêmement amicales? Et cependant vous avez jeté tout-à-coup un cri d'alarme; vous avez mis en mouvement toute votre population; vos princes ont parcouru vos provinces; vos proclamations ont appelé le peuple à la défense de la patrie. Vos proclamations, vos mesures, sont celles que vous avez employées lorsque j'étais à Léoben. Si ce n'avait été qu'une organisation nouvelle, vous l'auriez exécutée avec plus de lenteur, sans bruit, sans dépense, sans exciter au-dedans une si prodigieuse fermentation, au-dehors une si vive alarme : mais vos mesures ne sont pas purement défensives : vous ajoutez à chacun de vos régimens une force de treize cents hommes; votre milice vous donnera quatre cent mille hommes disponibles; ces hommes sont enrégimentés et exercés, une partie est habillée; vos places sont approvisionnées : enfin, ce qui est pour moi l'indice sûr d'une guerre qu'on prépare, vous avez fait acheter des chevaux; vous avez maintenant quatorze mille chevaux d'artillerie. Au sein de la paix, on ne fait pas cette énorme dépense. Elle s'est accrue de tout ce que vous a coûté votre organisation militaire. Les hommes que vous exercez, vous leur donnez une indemnité pécuniaire; vous en habillez une partie; vous avez fourni des armes : rien de tout cela n'a pu être fait sans de très-grands frais; et cependant vous-même vous convenez du mauvais état de vos finances; votre change, déjà si bas, a encore baissé;

les opérations de votre commerce en ont souffert. Serait-ce donc sans but que vous auriez bravé ces inconvéniens ?

Ne dites pas que vous avez été obligés de pourvoir à votre sûreté. Convenez que toutes nos relations ont été amicales : vous savez que je né vous demande rien, que je ne prétends rien de vous, et que même je regarde la conservation de votre puissance dans son état actuel comme utile au système de l'Europe et aux intérêts de la France. J'ai fait camper mes troupes pour les tenir en haleine; elles ne campent point en France, parce que cela est trop cher; elles campent en pays étranger, où cela est moins dispendieux. Mes camps ont été disséminés ; aucun ne vous menaçait; je n'aurais pas campé, si j'avais eu des vues contre vous. Dans l'excès de ma sécurité, j'ai démantelé les places de la Silésie. Certes, je n'aurais pas eu de camps, si j'avais prévu qu'ils pussent vous alarmer : un seul mot de vous aurait suffi pour les faire dissoudre. Je suis prêt à les renvoyer, si cela est nécessaire à votre sécurité.

M. *de Metternich* ayant observé qu'on n'avait fait en Autriche aucun mouvement de troupes, l'Empereur a repris : Vous vous trompez. Vous avez retiré vos troupes des lieux où elles pouvaient être avec moins de frais : vous les avez concentrées sur Cracovie; vous êtes en état de menacer au besoin la Silésie. Votre armée est toute réunie, et elle a pris une position militaire. Cependant, que prétendez-vous ? Voulez-vous me faire peur ? vous n'y réussirez pas. Croyez-vous la circonstance favorable pour vous? vous vous trompez. Ma politique est à découvert, parce qu'elle est loyale et que j'ai le sentiment de mes forces. Je vais tirer cent mille hommes de mes troupes d'Allemagne pour les envoyer en Espagne, et je serai encore en mesure envers vous. Vous armez, j'armerai : je leverai, s'il le faut, deux cent mille hommes. Vous n'aurez pour vous aucune puissance du continent ; l'Empereur de Russie, j'oserais presque vous le déclarer en son nom, vous engagera à rester tranquilles. Déjà il est peu satisfait de vos relations avec les Serviens ; et, comme moi aussi, il peut se croire menacé par vos préparatifs ; il sait que vous avez des vues sur la Turquie. Vous m'en prêtez aussi; je vous déclare que cela est faux, et que je ne veux rien de la Turquie, ni rien de l'Autriche.

Cependant votre Empereur ne veut pas la guerre, je le crois; je compte sur la parole qu'il m'a donnée lors de notre entrevue. Il ne peut avoir de ressentiment contre moi. J'ai occupé sa capitale, la plus grande partie de ses provinces; presque tout lui a été rendu. Je n'ai même conservé Venise que pour laisser moins de sujets de discorde, moins de prétextes à la guerre. Croyez-vous que le vainqueur des armées françaises qui aurait été maître de Paris, en eût agi avec cette modération ? Non : votre Empereur ne veut point la guerre ; votre ministère ne la veut pas ; les hommes distingués de votre monarchie ne la veulent point; et cependant le mouvement que vous avez imprimé est tel, que la guerre aura lieu malgré vous et malgré moi. Vous avez laissé croire que je vous demandais des provinces ; et votre peuple, par l'effet d'un mouvement national et généreux, que je suis loin de blâmer, s'est indigné ; il s'est porté à des excès ; il a couru aux armes. Vous avez fait une proclamation pour défendre de parler de guerre: mais votre proclamation était vague ; on a pensé qu'elle était commandée par la politique; et comme vos mesures étaient en opposition avec votre proclamation, on a cru à vos mesures et non à votre proclamation. De là l'insulte faite à mon consul à Trieste par un rassemblement de votre nouvelle milice ; de là l'assassinat de trois de mes courriers se rendant en Dalmatie. Encore des insultes semblables, et la guerre est inévitable ; car on peut nous tuer, mais non nous insulter impunément. C'est ainsi que les instigateurs des troubles de toute l'Europe poussent sans cesse à la guerre ; c'est ainsi qu'ils ont amené la guerre par l'insulte faite au

général

général *Bernadotte.* Des intrigues particulières vous entraînent là où vous ne voulez point aller. Les Anglais et leurs partisans dictent toutes ces fausses mesures. Déjà ils s'applaudissent de l'espérance de voir de nouveau l'Europe en feu ; leurs actions ont gagné cinquante pour cent par le mouvement que vous venez de donner à l'Europe. Ce sont eux que j'en accuse ; ce sont eux qui font qu'un Français ne peut pénétrer aux eaux de Bohême sans y être insulté. Comment tolérez-vous cette licence ? Vous donne-t-on en France de pareils exemples ? Vos consuls, vos voyageurs ne sont-ils pas accueillis et respectés ? La plus légère insulte qui leur serait faite , serait punie d'une manière éclatante. Je vous le répète, vous êtes entraînés; et, malgré vous, la fermentation de votre peuple, imprudemment excitée , et les intrigues des partisans des Anglais et de quelques membres de l'Ordre équestre qui ont porté chez vous l'amertume de leurs regrets, vous meneront à la guerre. L'Empereur de Russie peut-être l'empêchera, et vous déclarera d'une manière ferme qu'il ne la veut pas et qu'il sera contre vous. Mais si ce n'est qu'à son intervention que l'Europe doit la continuation de la paix, ni l'Europe ni moi ne vous en aurons l'obligation , et ne pourrons vous regarder comme mes amis; je serai entièrement dispensé de vous appeler à concourir avec moi aux arrangemens que peut exiger l'état de l'Europe.

En attendant, qu'arrivera-t-il? Vous avez levé quatre cent mille hommes; je vais en lever deux cent mille. La Confédération, qui avait renvoyé ses troupes , va les réunir et faire des levées. L'Allemagne , qui commençait à respirer après tant de guerres ruineuses, va voir de nouveau rouvrir toutes ses blessures. Je rétablirai les places de la Silésie au lieu d'évacuer cette province et les États prussiens comme je me le proposais. L'Europe sera sur pied , les armées seront en présence, et le plus léger incident amenera le commencement des hostilités.

Vous dites que vous avez une armée de quatre cent mille hommes; ce qui est plus considérable que dans aucun temps de votre monarchie. Vous voulez la doubler; à suivre votre exemple, bientôt il faudra armer jusqu'aux femmes. Dans un tel état de choses, lorsque tous les ressorts seront aussi tendus, la guerre deviendra desirable pour amener un dénouement. C'est ainsi que dans le monde physique, l'état de souffrance où est la nature à l'approche d'un orage, fait desirer que l'orage crève pour détendre les fibres crispées, et rendre au ciel et à la terre une douce sérénité : un mal vif, mais court, vaut mieux qu'une souffrance prolongée.

Cependant toutes les espérances de paix maritime s'évanouissent; les mesures fortes prises pour l'obtenir demeurent sans effet. Les Anglais sourient à la pensée de la discorde rallumée de nouveau sur le continent, et se reposent sur elle de la défense de leurs intérêts.

Voilà les maux que vous avez produits, et, je crois, sans en avoir l'intention. Mais, si vos dispositions sont aussi pacifiques que vous le dites, il faut vous prononcer; il faut contremander des mesures qui ont excité une si dangereuse fermentation ; il faut, à ce mouvement involontairement excité, opposer un mouvement contraire, et, lorsque depuis Pétersbourg jusqu'à Naples, il n'a été question que de la guerre que l'Autriche allait faire, que tous vos négocians l'annoncent comme certaine, il faut, dis-je, que toute l'Europe soit convaincue que vous voulez la paix; il faut que toutes les bouches proclament vos dispositions pacifiques justifiées par vos actes comme par vos discours. De mon côté, je vous donnerai toute la sécurité que vous pourrez desirer.

Voilà, Monsieur, autant qu'il m'est possible de le tracer, un léger extrait de ce que S. M. a dit à M. *de Metternich.* L'Empereur paraissait ému, comme on doit l'être quand on traite des sujets graves. Il n'a eu que la chaleur que cette émotion devait produire ; il n'a parlé qu'avec beaucoup d'égards de l'Empereur d'Autriche et de son gouvernement, et a dit des choses personnellement agréables à M. *de*

Metternich. Cet ambassadeur , qui du reste a toujours protesté des intentions pacifiques de sa cour , ne s'est point trouvé placé un seul moment dans une position embarrassante ; et je l'ai vu , le soir , se féliciter d'être dans une cour où de telles communications pouvaient être faites directement , et de cette manière , par le souverain à un ministre étranger. M. *de Tolstoi* partageait cette opinion. L'Empereur a paru aux yeux de ceux qui ont pu l'entendre, noble, loyal, franc, observateur de toutes les convenances, y mettant une entière délicatesse , éloquent autant que sensible , et de cette sensibilité qu'excitent les grands intérêts de l'humanité ; on a pu juger qu'également préparé à la guerre comme à la paix, il desirait l'une sans craindre l'autre ; et l'on a généralement pensé qu'à un langage si franc et si noble, on ne pouvait répondre qu'en déclarant qu'on voulait la guerre, ou en prouvant par des faits, plus que par des discours, qu'on desirait la paix.

Vous pouvez faire , Monsieur, de cette dépêche, le sujet de vos entretiens avec M. *de Stadion.* Le Gouvernement autrichien ne pourra douter du desir sincère de l'Empereur de conserver la paix. Mais l'Empereur veut de la sécurité dans la paix. Si cette paix est également chère à l'Autriche, elle ne négligera donc aucun moyen de rassurer pleinement l'Empereur sur ses dispositions, et c'est sur-tout en donnant une autre direction à l'esprit public qu'on y parviendra. Mais cette direction même ne pourra résulter que d'un changement de mesures.

N.º XI.

Lettre de S. M. l'Empereur d'Autriche à S. M. l'Empereur des Français.

Presbourg, le 18 septembre 1808.

Monsieur mon frère, mon ambassadeur à Paris m'apprend que

G 2

(52)

V. M. impériale se rend à Erfurt, où elle se rencontrera avec l'Empereur *Alexandre*. Je saisis avec empressment l'occasion qui la rapproche de ma frontière, pour lui renouveler le témoignage de l'amitié et de la haute estime que je lui ai vouée, et j'envoie auprès d'elle mon lieutenant général le baron *de Vincent*, pour vous porter, Monsieur mon frère, l'assurance de ces sentimens invariables. Je me flatte que V. M. n'a jamais cessé d'en être convaincue, et que si de fausses représentations qu'on avait répandues sur des institutions intérieures organiques que j'ai établies dans ma monarchie, lui ont laissé pendant un moment des doutes sur la persévérance de mes intentions, les explications que le comte *de Metternich* a présentées à ce sujet à son ministre les auront entièrement dissipés. Le baron *de Vincent* se trouve à même de confirmer à V. M. ces détails, et d'y ajouter tous les éclaircissemens qu'elle pourra desirer. Je la prie de lui accorder la même bienveillance avec laquelle elle a bien voulu le recevoir à Paris et à Varsovie. Les nouvelles marques qu'elle lui en donnera, me seront un gage non équivoque de l'entière réciprocité de ses sentimens, et elles mettront le sceau à cette entière confiance, qui ne laissera rien à ajouter à la satisfaction mutuelle.

Veuillez agréer l'assurance de l'inaltérable attachement et de la haute considération avec laquelle je suis,

    Monsieur mon frère,

de Votre Majesté impériale et royale,
le bon frère et ami,

Signé FRANÇOIS.

N.º XII.

Lettre de S. M. l'Empereur NAPOLÉON aux Rois de Bavière, de Saxe, de Westphalie, de Wurtemberg, au Grand-duc de Bade, et au Prince Primat.

Monsieur mon frère, les assurances données par la cour de Vienne, que les milices étaient renvoyées chez elles et ne seraient plus rassemblées, qu'aucun armement ne donnerait plus d'inquiétude pour les frontières de la Confédération; la lettre ci-jointe que je reçois de l'Empereur d'Autriche, les protestations réitérées que m'a faites M. le baron *de Vincent*, et, plus que cela, le commencement de l'exécution, qui a déjà lieu en ce moment en Autriche, de différentes promesses qui ont été faites, me portent à écrire à votre Majesté, que je crois que la tranquillité des états de la Confédération n'est d'aucune manière menacée, et que votre Majesté est maîtresse de lever ses camps et de remettre ses troupes dans leurs quartiers de la manière qu'elle est accoutumée de le faire. Je pense qu'il est convenable que son ministre à Vienne reçoive pour instruction de tenir ce langage, que les camps seront réformés, et que les troupes de la Confédération et du Protecteur seront remises en situation hostile, toutes les fois que l'Autriche ferait des armemens extraordinaires et inusités; que nous voulons enfin tranquillité et sûreté.

Sur ce &c.

Signé NAPOLÉON.

Erfurt, le 12 octobre 1808.

N.º XIII.

Lettre de S. M. l'Empereur NAPOLÉON à S. M. l'Empereur d'Autriche.

Erfurt, le 14 octobre 1808.

Monsieur mon frère, je remercie votre Majesté impériale et royale de la lettre qu'elle a bien voulu m'écrire et que M. le baron *de*

Vincent m'a remise. Je n'ai jamais douté des intentions droites de votre Majesté ; mais je n'en ai pas moins craint un moment de voir les hostilités se renouveler entre nous. Il est à Vienne une faction qui affecte la peur pour précipiter votre cabinet dans des mesures violentes qui seraient l'origine de malheurs plus grands que ceux qui ont précédé. J'ai été le maître de démembrer la monarchie de votre Majesté, ou du moins de la laisser moins puissante : je ne l'ai pas voulu ; ce qu'elle est, elle l'est de mon vœu. C'est la plus évidente preuve que nos comptes sont soldés et que je ne veux rien d'elle. Je suis toujours prêt à garantir l'intégrité de sa monarchie. Je ne ferai jamais rien contre les principaux intérêts de ses États : mais Votre Majesté ne doit pas remettre en discussion ce que quinze ans de guerre ont terminé ; elle doit défendre toute proclamation ou démarche provoquant la guerre. La dernière levée en masse aurait produit la guerre, si j'avais pu craindre que cette levée et ces préparatifs fussent combinés avec la Russie. Je viens de licencier les camps de la Confédération. Cent mille hommes de mes troupes vont à Boulogne pour renouveler mes projets sur l'Angleterre. Que Votre Majesté s'abstienne de tout armement qui puisse me donner de l'inquiétude et faire une diversion en faveur de l'Angleterre. J'ai dû croire, lorsque j'ai eu le bonheur de voir Votre Majesté, et que j'ai conclu le traité de Presbourg, que nos affaires étaient terminées pour toujours, et que je pourrais me livrer à la guerre maritime sans être inquiété ni distrait. Que Votre Majesté se méfie de ceux qui lui parlant des dangers de sa monarchie, troublent ainsi son bonheur, celui de sa famille et de ses peuples. Ceux-là seuls sont dangereux ; ceux-là seuls appellent les dangers qu'ils feignent de craindre. Avec une conduite droite, franche et simple, Votre Majesté rendra ses peuples heureux, jouira elle-même du bonheur dont elle doit sentir le besoin après tant de troubles, et sera sûre d'avoir en moi un homme décidé à ne jamais rien faire contre ses principaux intérêts. Que ses démarches montrent de la confiance, elles en inspireront. La meilleure politique aujourd'hui, c'est la simplicité et la vérité. Qu'elle me confie ses inquiétudes, lorsqu'on parviendra à lui en donner; je les dissiperai sur-le-champ. Que Votre Majesté me permette un dernier mot; qu'elle écoute son opinion, son sentiment : il est bien supérieur à celui de ses conseils.

Je prie Votre Majesté de lire ma lettre dans un bon sens, et de n'y voir rien qui ne soit pour le bien et la tranquillité de l'Europe et de Votre Majesté.

N.º XIV.

Rapport de M. le comte de Champagny *à Sa Majesté l'EMPEREUR.*

Paris, le 2 mars 1808.

SIRE,

J'ai l'honneur de mettre sous les yeux de Votre Majesté le précis de mon entretien de ce jour avec M. l'ambassadeur de la cour de Vienne.

Je prie Votre Majesté d'agréer l'assurance du respect avec lequel je suis &c. &c.

RAPPORT.

M. l'ambassadeur d'Autriche est venu au ministère aujourd'hui 2 mars, et il est entré à trois heures après midi dans le cabinet du ministre de Sa Majesté, avec lequel il a eu l'entretien suivant:

L'Ambassadeur d'Autriche. M. le comte, je viens vous annoncer l'arrivée du comte *de Mier :* il a mis neuf jours à se rendre de Vienne à Paris. Il a trouvé la route encombrée de neiges et de troupes. Je suis autorisé à vous prévenir que le courrier prochain m'apportera la réponse de ma cour à différentes notes que vous m'avez adressées au sujet de cet officier italien insulté à Trieste, et de l'acte de violence exercé contre un homme d'Udine. Sa Majesté l'Empereur mon maître a ordonné à cet égard des recherches dont on n'avait pas encore reçu à Vienne le résultat.

Le Ministre. J'espère alors, M. l'ambassadeur, que votre courrier, aura à m'annoncer la répression de ces attentats, dont j'ai regretté d'avoir si souvent de justes plaintes à vous porter.

L'Ambassadeur. J'ai aussi reçu l'ordre de ma cour de prévenir V. Exc. qu'ainsi que je l'avais prévu, le retour de l'Empereur NA-POLÉON, l'ordre donné aux princes de la Confédération du Rhin, et enfin quelques articles insérés dans les journaux français et alle-mands, ont donné à ma cour de justes inquiétudes, et qu'elle a cru devoir faire sortir ses troupes du pied de paix où elles ont été jusqu'à présent; mais que l'Empereur mon maître, toujours animé des mêmes sentimens, ne prend cette mesure que parce qu'il s'y voit forcé, et qu'il conserve toujours, à l'égard de la France, les dispositions les plus pacifiques.

Le Ministre. Est-ce que vous voulez nous faire la guerre, Mon-sieur l'ambassadeur ?

L'Ambassadeur. Si nous avions voulu vous faire la guerre, nous n'aurions pas attendu ce moment; avant le mois de janvier, nos troupes auraient été sur le Rhin.

Le Ministre. Cela n'eût pas été si facile, M. *de Metternich.* Les moyens que nous avons à vous opposer en ce moment existaient au mois de janvier.

L'Ambassadeur. Mais l'Empereur était en Espagne.....

Le Ministre. Oui, mais en 1805 vous étiez à Ulm qu'il était encore à Boulogne, et il n'est pas arrivé trop tard..... Soyez vrai. Si vous faites marcher des troupes, c'est que la faction anglaise a pris le dessus à Vienne : on affecte des alarmes pour séduire et entraîner l'Empereur ; ceux qui sont au fait et qui dirigent ce qui se passe chez vous, n'en ont pas. D'ailleurs, ils ne peuvent en avoir. Com-ment seriez-vous alarmés dans ce moment, lorsque vous ne l'étiez pas au mois d'août dernier ? Alors l'Empereur n'était pas en Espagne ; alors il couvrait toute l'Allemagne de ses troupes ; il occupait sur

vos

(57)

vos derrières la Silésie et le grand duché de Varsovie; les troupes
de la Confédération du Rhin étaient campées, et cependant vous res-
tiez tranquilles. Vous vouliez attendre les événemens : actuellement
vous feignez des inquiétudes; vous vous alarmez du retour de
l'Empereur, comme s'il avait dû rester toujours en Espagne; vous
vous plaignez d'un avis donné aux princes de la Confédération,
comme si ces avis qu'a rendus nécessaires la continuation de vos armemens, étaient autre chose que l'avertissement de se tenir prêts; et vous
m'annoncez que vous faites marcher vos troupes? Pas un homme n'a
bougé de la part de la Confédération ni de la France. Si vous n'a-
vez pas fait la guerre à l'Empereur, vous lui avez ôté la sécurité d
la paix; vous avez précipité son retour; vous l'avez empêché de
poursuivre les Anglais en personne et de leur fermer le chemin de
la mer; vous avez arrêté des expéditions projetées contre l'Angleterre; des troupes qui se rendaient à Toulon et à Boulogne ont sus-
pendu leur marche à Lyon et à Metz par les menaces que vous avez
faites. Vous avez servi l'Angleterre. Parlerai-je de cette fermentation
dont on agite les États autrichiens? de cette opinion qu'on a dirigée
contre la France? des insultes faites à Trieste à des officiers français
et italiens? de l'assassinat de nos courriers, si long-temps impuni?
des articles de la gazette de Presbourg? des fausses nouvelles répandues sur l'Espagne? de l'accueil fait à Trieste aux officiers de la
frégate espagnole envoyée par les insurgés? du libelle de M. *de
Cevallos*, répandu à Vienne avec profusion?

L'Ambassadeur. Monsieur, cette brochure m'est venue de Munich.

Le Ministre. Ne pouvait-elle pas y être venue de Vienne? Au
reste, le livre s'est vendu à Vienne; il s'est vendu avec la permis-
sion de la police. J'en ai vu l'annonce publique, et je sais qu'on
n'annonce ainsi que les livres dont elle permet la vente. Je con-
tinue..... Par-tout vos agens se sont montrés les ennemis de la France.
Je vous mettrai sous les yeux des extraits de correspondance qui vous

H

feront connaître la conduite de votre internonce à Constantinople, et celle de votre consul en Bosnie.

L'Ambassadeur. Mais n'avons-nous pas à nous plaindre aussi de M. *de la Tour-Maubourg*, qui a, pour ainsi dire, déclaré la guerre entre la France et l'Autriche, en rompant toute communication entre les Français et leurs alliés et les Autrichiens?

Le Ministre. Que devait donc faire M. *de la Tour-Maubourg*? assister au triomphe des Anglais? Vraiment cela eût été trop complaisant.

Voilà donc les griefs que nous pourrions alléguer contre vous; et cependant, vous savez si notre conduite a été pacifique. A-t-on fait à votre cour une demande qui pût blesser le plus faible de ses intérêts? Vous a-t-on dit un mot dont vous puissiez vous plaindre? Vous avez répandu le bruit qu'on vous demandait Trieste, Fiume, la Croatie.

L'Ambassadeur. C'est dans la gazette d'Allemagne qu'on a imprimé cela.

Le Ministre. Mais par ordre de votre cabinet, et par des lettres venues de Vienne et de Presbourg; mais c'est en Autriche aussi qu'on l'a imprimé. Et il vous était si facile de désabuser votre peuple; avez-vous dit un mot pour cela?

L'Ambassadeur. Mais ici, me parle-t-on davantage? Si l'Empereur avait réellement des inquiétudes sur ce qu'on a appelé nos *armemens*, pourquoi, au lieu de se taire avec moi, et d'appeler les troupes de la Confédération, ne m'a-t-il pas parlé? On se serait expliqué, et probablement entendu.

Le Ministre. A quoi cela aurait-il servi? A quoi ont servi des démarches semblables faites il y a cinq mois? L'Empereur ne vous parle plus, Monsieur, parce qu'alors il vous a parlé en vain, parce que vous avez perdu auprès de lui, par des promesses trompeuses.

le crédit qu'on accorde au titre d'ambassadeur. Rappelez-vous qu'alors vous promîtes qu'il ne serait plus donné suite à vos mesures militaires; que les exercices de la milice discontinueraient avec la belle saison; que la reconnaissance du roi *Joseph* ne souffrirait aucune difficulté : et sur tous ces points, vous vous disiez autorisé par votre cour. D'ailleurs, je répondrai en un seul mot : l'Empereur a pu être réservé avec un ambassadeur que sa cour avait, pour ainsi dire, désavoué, et qu'il a aussi considéré comme auteur de démarches hasardées que les faits ont démenties. Mais il n'a pas fait appeler un seul homme de la Confédération : de l'avis de se tenir prêt à celui de marcher que vous avez donné, il y a loin. Les troupes qui étaient sur la Saone et la Meurthe, y sont encore, et n'ont pas bougé.

L'Ambassadeur. Mais une partie de ces promesses a été effectuée; on n'a rien ajouté à l'organisation militaire.

Le Ministre. On a tout fait pour inquiéter.

L'Ambassadeur. Je ne crois pas que les exercices aient été continués pendant l'hiver.

Le Ministre. A Trieste, pendant l'hiver, les milices ont été exercées dans le vieux théâtre.

L'Ambassadeur. Enfin, si le roi *Joseph* n'a pas été reconnu, il faut l'attribuer à la conférence d'Erfurt. Certes, si l'Empereur avait voulu admettre à cette conférence l'Empereur mon maître, ou seulement s'il m'avait été permis d'y aller, ainsi que je l'avais proposé, la reconnaissance aurait été prononcée. Elle ne l'a pas été, parce que cette conférence a donné des soupçons; parce que la Russie est intervenue; parce que son langage, fort peu amical, a offensé; parce que cette réunion de deux grandes puissances dont on ignorait les vues et les résolutions, a fait juger que cette affaire de la reconnaissance se trouvait liée à d'autres arrangemens dont on a cru devoir exiger la connaissance.

Le Ministre. Votre promesse était absolue; elle a été faite dans un temps où la conférence d'Erfurt était prévue ; elle était faite en retour d'une promesse du Gouvernement français d'évacuer la Silésie, promesse qu'il a effectuée. Au surplus, ce résultat de la conférence d'Erfurt vous a été connu. Vous savez bien qu'elle n'était pas dirigée contre vous. Pourquoi donc n'avez-vous pas fait cette reconnaissance?

L'Ambassadeur. Mais le général *Andréossy* a rejeté la reconnaissance conditionnelle que nous avions offerte. D'ailleurs, si nous n'avons pas fait la reconnaissance, nous avons parlé de conserver des relations amicales avec le roi *Joseph*, comme roi d'Espagne.

Le Ministre. Monsieur l'ambassadeur, je crains que vous ne vous trompiez : ces termes ne sont point dans la réponse de votre cour. Est-ce en faisant imprimer avec affectation les libelles des insurgés, est-ce en quittant Madrid et en suivant les insurgés, que votre chargé d'affaires à Madrid a prouvé qu'il avait ordre d'être l'ami du roi *Joseph !* Au surplus, que prétendaient la France et la Russie en vous demandant cette reconnaissance ? Faciliter la paix avec l'Angleterre, ne laisser à cette puissance aucune chance de troubler le continent, et par-là la porter à la paix, dont tout le monde a besoin. Vous êtes venu à la traverse; vous avez pris le langage et embrassé la défense de l'Angleterre. Vous avez dit au public que vous armiez. Vos gazettes, qui sont d'une si grande circonspection, ont été pires que les plus mauvais libelles de Londres. La paix avec l'Angleterre n'a pas eu lieu. L'Angleterre triomphe à Constantinople de vous voir courir à la guerre, Qu'en espérez-vous?

L'Ambassadeur. Actuellement que nos troupes vont sortir de l'état de paix où elles étaient, on verra la différence entre cet état et celui où elles vont se placer.

Le Ministre. On verra les résultats de neuf mois de préparatifs. Croyez-vous de bonne foi qu'ils puissent faire peur et en imposer à personne ? Au surplus, je vous le répète : l'Empereur, qui ne vous demande rien que de le faire jouir de la sécurité de la paix, ne veut pas la guerre ; il la fera, si vous l'y contraignez. Il ne vous en a pas donné le plus léger prétexte. Je lui rendrai compte de la communication que vous venez de me faire. Je ne sais où vos mesures vous entraîneront ; mais si la guerre a lieu, c'est parce que vous l'aurez voulu.

L'Ambassadeur (en s'en allant). Je ne parle jamais de moi ; mais vous savez comme je suis traité dans les cercles de la cour. On m'a dit que l'Empereur se plaignait du traitement fait à son ambassadeur à Vienne. Je proteste que le général *Andréossy* a, jusqu'à ce dernier moment, été parfaitement traité par l'Empereur mon maître.

Le Ministre. Vous savez, Monsieur l'ambassadeur, qu'il n'y a pas de rang établi à la cour. L'Empereur ne se plaint pas de M. *de Metternich* ; mais il ne peut plus accorder la même confiance à l'ambassadeur qui a été, pour ainsi dire, démenti par sa propre cour. Votre cour, en n'exécutant pas vos promesses, a seule blessé la dignité de votre caractère.

A Paris, le 2 mars.